W0332006

1

deutsch.werk

Gymnasium

Arbeitsheft für das 5. Schuljahr

Erarbeitet von:
Elisabeth Schuchart

Ernst Klett Schulbuchverlag Leipzig
Leipzig Stuttgart Düsseldorf

So kannst du mit diesem Arbeitsheft üben:

Zerschneide an der gekennzeichneten Linie die Klappseite. Die Tipps helfen dir beim Lösen der Aufgaben. Klappe immer nur den Teil aus, den du gerade benötigst.

Auf der Rückseite der Klappseite findest du Spiele. Vielleicht hast du Lust in deiner Klasse das eine oder andere auszuprobieren.

Fachbegriffe kannst du auf der Innenseite deines Arbeitsheftes nachschlagen.

Bei vielen Aufgaben kannst du dich selbst überprüfen, weil bei richtiger Lösung ein Bild entsteht oder ein Lösungswort herauskommt. Die Ergebnisse der anderen Aufgaben kannst du mit dem Lösungsheft selbst vergleichen.

Erledige diese Aufgabe im Heft oder auf einem Extrablatt.

eine besonders knifflige oder schwierige Aufgabe

eine komplexe Aufgabe, bei der du noch einmal alles aus dem Kapitel üben kannst

Arbeitstechniken

1 Ideen für eine Geschichte suchen

Wissen

Mithilfe eines Ideennetzes (Cluster) kannst du Ideen für eine Geschichte finden.
Als Erstes schreibst du in die Mitte eines Blattes das Thema oder das Stichwort und kreist es ein. Anschließend notierst du alles, was dir dazu einfällt. Dabei ist es egal, ob du diese Ideen später alle verwenden kannst. Kreise jede neue Idee ein und verbinde sie so miteinander, dass sich eine Gedankenkette ergibt.

1 Entscheide dich für ein Bild und entwickle unten dazu ein Ideennetz.

2 Fertige zu diesem Anfang einer Geschichte ein Ideennetz an. Schreibe das Thema in die Mitte und füge eigene Ideen hinzu.

Als Konstantin am Nachmittag in den Briefkasten sah, glaubte er seinen Augen nicht zu trauen. Ein großer, schwerer, dunkelbrauner Umschlag fiel ihm in die Hände. Der Brief war an Konstantin adressiert, aber es gab keinen Absender. Mit klopfenden Herzen betrachtete er die Briefmarke. So eine hatte er noch nie gesehen. In der Mitte war ein seltsames großes Schloss abgebildet und genau an der Stelle, wo man sehen kann, aus welchem Land die Marke stammt, war ein dicker Fleck des Poststempels. Das Absendedatum konnte Konstantin aber erkennen. „Das ist ja genau heute vor 200 Jahren“, flüsterte er aufgeregt. Jetzt fiel ihm auch die seltsame Schrift auf. Wie aus dem Mittelalter, ganz verschnörkelt tanzten die Buchstaben über das dunkle Papier. Langsam wurde ihm das alles sehr unheimlich. Schnell ließ er den Brief wieder im Kasten verschwinden. Sicherheitshalber würde er die Geschichte erst einmal seinem besten Freund erzählen. Dann würden sie gemeinsam weitersehen.

3 Ergänze Ideen in den offenen Kreisen. Schreibe zu diesem Cluster eine Geschichte.

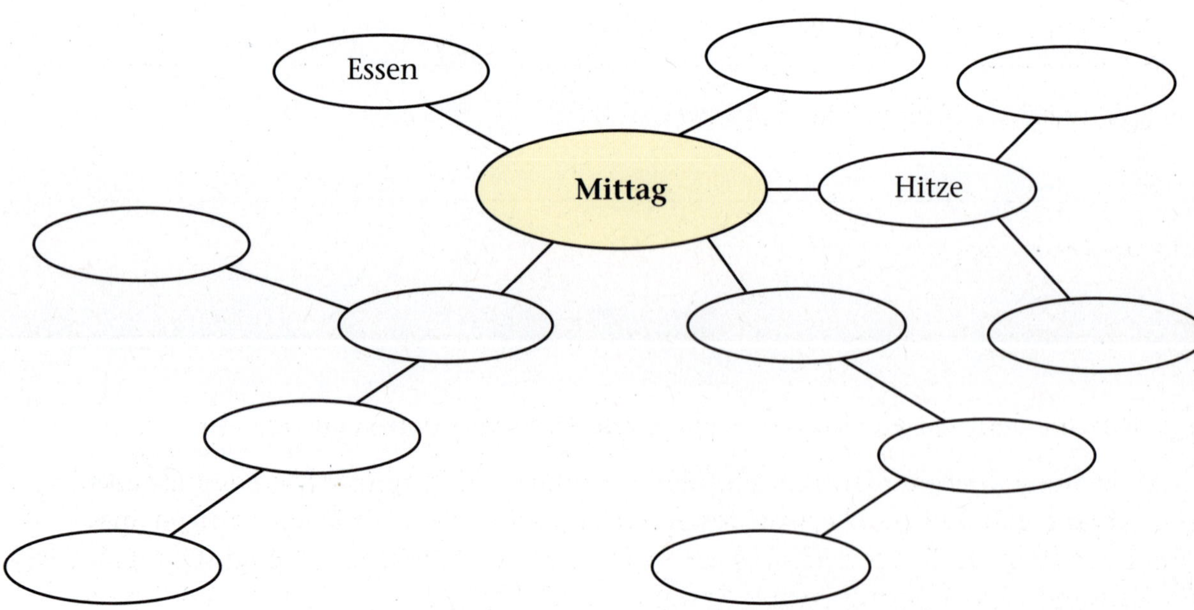

2 Richtiges Abschreiben

Wissen

1. Lies den gesamten Text aufmerksam durch. Wichtig ist, dass du den Text verstehst.
2. Teile die Sätze in kurze Sinnabschnitte ein (z.B. durch Schrägstriche). Anschließend prägst du dir einen Abschnitt ein und schreibst ihn aus dem Gedächtnis auf. Besonders schwierige Wörter solltest du dir einzeln einprägen.
3. Kontrolliere am Ende alles Wort für Wort. Fehlerhafte Wörter streichst du durch und schreibst sie richtig darüber.

1 Lies den gesamten Text. Unterstreiche dir unbekannte Wörter, kläre ihre Bedeutung und präge dir ihre Schreibung ein.
- Teile die Sätze durch Schrägstriche in Sinnabschnitte ein. Decke die Sinnabschnitte jeweils zu und schreibe sie aus dem Gedächtnis auf.
- Vergleiche anschließend sorgfältig. Berichtige die Fehler mit einer anderen Farbe.

Brüder Grimm: Das Teufelsohrkissen

Am Fuße des Schlosses Bentheim stehen einige sonderbare glatte Felsen.

____

____

Einer derselben, oben flach wie ein aufrecht stehender runder Pfühl,

____

____

wird Teufelsohrkissen genannt, weil der Teufel einmal darauf geschlafen habe.

____

____

Die Spuren seines Ohrs drückten sich in den Stein

____

und sind noch sichtbar darauf.

____

2 Schreibe den Text ab und wende dabei die Abschreibtechnik an.

Spektakuläre Achterbahnfahrten und nervenaufreibende Loopings: Die Erlebnisparks in Deutschland gehören zu den beliebtesten Freizeitzielen, denn sie bieten riesigen Spaß. Daher verzeichnen die Freizeitparks auch steigende Besucherzahlen. Mit großem finanziellen Aufwand werden immer neue Attraktionen geschaffen.

3 Im Wörterbuch nachschlagen und ein Rechtschreibprogramm nutzen

Wissen

Wenn du unsicher in der Schreibung eines Wortes bist, dann schlage im Wörterbuch nach. In einem Wörterbuch sind die Wörter alphabetisch geordnet. Bei Wörtern mit gleichen Anfangsbuchstaben orientierst du dich an den folgenden Buchstaben.

1 Welcher Buchstabe wurde in den einzelnen Reihen ausgelassen? Schreibe die Reihe vollständig daneben.

cdfg ____________ stvw ____________ mopq ____________ hjkl ____________

2 Schreibe die Wörter nach dem Alphabet geordnet auf. Unterstreiche die Buchstaben, die beim Ordnen ausschlaggebend waren.

Rätsel braun Eibe Ratsherr Eis Brauch

____________ ____________ ____________

____________ ____________ ____________

3 Ordne die Wörter nach ihrer alphabetischen Reihenfolge und trage in das Kästchen jeweils die entsprechende Zahl. Die Wörter darunter ergeben bei richtiger Lösung einen Spruch von Ludwig Feuerbach.

☐ Laub *machen*	☐ Grille *wie*	☐ Unsinn *zu*	☐ Spiel *erwählen*	☐ Fehler *Büchern*	☐ Quelle *nur*	☐ Vampir *unseren*
☐ Xaver *unseren*	☐ Chor *uns*	1 Ameise *Es*	☐ Kuh *Wir*	☐ Eisen *den*	☐ Dame *mit*	☐ Natur *viele*
☐ Obst *Bekannt-schaften*	☐ Yoga *vertrauten*	☐ Pfahl *aber*	☐ Wagen *Freund-schaften*	☐ Mitte *zwar*	☐ Ziel *Weg-gefährten*	☐ Insekt *den*
☐ Tasche *wir*	☐ Jeans *Menschen*	☐ Ruhe *wenige*	☐ Blüte *geht*	☐ Helm *mit*		

Es (1) ___ (2) ___ (3) ___ (4) ___ (5) ___ (6), ___ (7) ___ (8) ___ (9) ___ (10). ___ (11) ___ (12)

___ (13) ___ (14) ___ (15), ___ (16) ___ (17) ___ (18) ___ (19) ___ (20) ___ (21)

___ (22) ___ (23), ___ (24) ___ (25) ___ (26).

Wissen

Für das schnellere Finden der Wörter kannst du die Leitwörter auf den Seiten nutzen. Alle Wörter sind in der Grundform eingetragen: Substantive (Nomen) im Nominativ Singular, Verben im Infinitiv.
In einem Wörterbuch erfährst du außerdem, wie du ein Wort trennst, welches Genus ein Substantiv hat, wie der Genitiv und der Plural gebildet werden.

4 Bilde die Grundformen, unter denen du die Wörter im Wörterbuch suchen musst.

den Tüchern	▸ ______	sie liefen	▸ ______
des Gärtners	▸ ______	die Pläne	▸ ______
sie trägt	▸ ______	er hilft	▸ ______

5 Suche zu den Wörtern die Leitwörter und notiere sie in deinem Heft.

Topf, Interesse, Zeit, Krähe, Deutscharbeit, Ruhm, Steak, Eichhörnchen, Notiz

6 Suche folgende Angaben aus dem Wörterbuch heraus und schreibe sie auf.

Luftschifffahrt

Silbentrennung	Genus	Genitiv	Plural
Luft|schiff|fahrt	*die (feminin)*	–	*Luftschifffahrten*

Skandal

Silbentrennung	Genus	Genitiv	Plural
______	______	______	______

Nugat

Silbentrennung	Genus	Genitiv	Plural
______	______	______	______

Diamant

Silbentrennung	Genus	Genitiv	Plural
______	______	______	______

7 Ergänze mithilfe des Wörterbuchs den Artikel und die Pluralform.

Gestüt ______

Kilo ______

Ortschaft ______

Kapitän ______

Prospekt ______

Amateur ______

8 Suche zu den Wörtern jeweils das Stichwort, das im Wörterbuch davor und danach steht.

______	◂ Modem ▸	______	______	◂ Falke ▸	______
______	◂ Power ▸	______	______	◂ Rotte ▸	______
______	◂ Eisen ▸	______	______	◂ Alkohol ▸	______

Wissen

Verfasst du einen Text am Computer, kannst du zur Überprüfung der Rechtschreibung auch ein Rechtschreibprogramm verwenden.
Das Rechtschreibprogramm zeigt die Wörter an, die es als fehlerhaft erkennt. Für diese Wörter gibt es Vorschläge für eine andere Schreibung an.
Allerdings musst du trotzdem den Text noch einmal überprüfen, da ein Rechtschreibprogramm nicht jeden Fehler erkennen kann (z. B. im Bereich Groß- und Kleinschreibung und Zusammen- und Getrenntschreibung).

9 Die E-Mail enthält viel Rechtschreibfehler. Einige Fehler hat das Rechtschreibprogramm des Computers erkannt und markiert. Verbessere Sie. Welche Fehler hat das Programm nicht erkannt? Verbessere auch diese Fehler im Arbeitsheft, indem du sie anstreichst und verbesserst.

Liebe Marie,

nach dem ich wieder aus dem Feriencamp zurückbin, möchte ich mich gleich bei Dir melden. Wir wollten uns ja noch in den Somerferien trefen. Hast du Lust und Zeit am kommenten Wochenende bei mir zu übernachten? Wir könnten mit den Farrädern baden fahren und abends etwas schönes unternehmen, z. b. ins Kino gehen. Überleg es dir und schreib mir bite bald zurück.

Viele Grüsse
Johanna

4 Ein Gedicht auswendig lernen

Wissen

Wenn du ein Gedicht auswendig lernen musst, hilft dir folgende Schrittfolge:
1. Du musst das Gedicht inhaltlich verstehen.
2. Gliedere das Gedicht in Lernabschnitte, z. B. in Strophen. Sind die Strophen sehr lang, teile sie nochmals in Lernabschnitte ein.
3. Suche nach Auffälligkeiten im Gedicht wie Reim oder besondere Satzzeichen (z. B. Gedankenstrich).
4. Streiche Signalwörter an, die dir beim Auswendiglernen als Gedächtnisstütze helfen.
5. Notiere dir im Gedicht Pausen- und Betonungszeichen.
6. Präge dir das Gedicht durch Üben ein (z. B. durch Abdecken des Textes).
7. Trage das Gedicht laut und betont vor (z. B. im Stehen vor einem Spiegel, Aufnahme mit einem Kassettenrecorder).

1 Unterstreiche alles, was sich reimt mit jeweils einer Farbe. Notiere die Betonungszeichen im Text. Kennzeichne das Zeilenende, wo keine Pause folgt.

Marie von Ebner-Eschenbach: Ein kleines Lied

Ein kleines Lied, wie geht's nur an,
Dass man so lieb es haben kann?
Was liegt darin? Erzähle!

Es liegt darin ein wenig Klang,
Ein wenig Wohllaut und Gesang
Und eine ganze Seele.

2 Denke über die Aussage dieses Gedichts nach.
- Markiere mithilfe von Schrägstrichen sinnvolle Lernabschnitte.
- Unterstreiche Auffälligkeiten und Signalwörter, die dir beim Auswendiglernen als Gedächtnisstütze helfen können.
- Notiere Pausen- und Betonungszeichen.
- Präge dir schrittweise durch Abdecken einen Lernabschnitt nach dem anderen ein.
- Trage das Gedicht vor einem Spiegel ausdrucksstark vor.

Günter Kunert: Vom Fluss

Auch in meinem Heimatland
rollt ein Fluss, mehr tief als breit:
Wahrheit hat ihn einst genannt
ein weiser Mann vor langer Zeit.

Sehr beweglich ist die Wahrheit,
und sie fließt wie jeder Fluss.
Bis zum Grund ist keine Klarheit,
kühn, wer da hinunter muss.

Lob den Taucher und sein Glück!
Bringt er uns nur grauen Stein,
keinen Schatz mit sich zurück,
wollen wir doch dankbar sein.

Lesetraining

1 Einen Text überfliegen

Wissen

Manchmal ist es sinnvoll, einen Text zu überfliegen, z. B. wenn du dir erst einmal einen ersten Eindruck verschaffen möchtest oder wenn du einen längeren Text hast, der nur zum Teil wichtig ist.
Beim schnellen Lesen solltest du aber nie hastig Wort für Wort lesen, sondern eine Wortgruppe, die vom Sinn her zusammengehört, auch zusammen lesen.

1 Überfliege dieses Gedicht. Markiere dabei ganz schnell alle Tiere im Text. Schreibe danach die Tiere auf, welche du dir gemerkt hast, und vergleiche mit dem Gedicht.

James Krüss: Das Arche-Noah-Abc (Ausschnitt)

Als die Arche war gebaut,
hat sich Noah angeschaut,
welche Tiere kamen.
Auf ein langes Zedernbrett
Schrieb er dann von A bis Zett
alle ihre Namen:

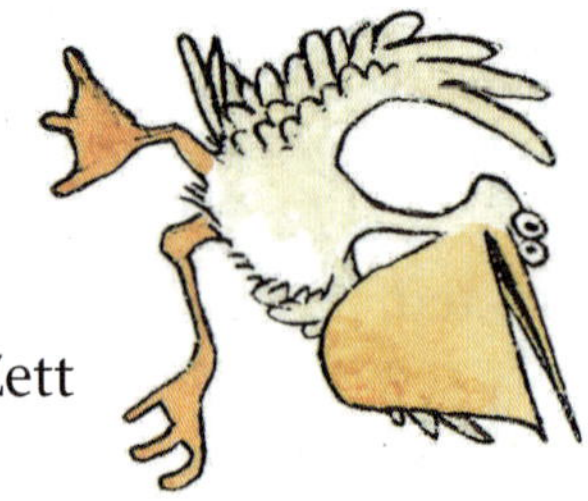

Affe, Ammer, Alk und Aal,
Adler aus dem Zugspitztal,
Biber, Bär und Boa.
Brillenschlange (welch ein Graus),
Chinalaus, Chinchillamaus
so notierte Noah.

Dachs und Drossel, schrieb er forsch,
Drache, Dromedar und Dorsch,
Eber, Eule, Erdschwein.
Und danach trug seine Hand
Esel, Elch und Elefant
ebenfalls gelehrt ein.

Fuchs und Fliege, schrieb er froh,
Flunder, Faultier, Frosch und Floh,
Geier und Giraffe,
Gemse, Gans und Goldfasan.
Beim Gorilla schrieb er dann
noch in Klammern: Affe.

Heiter schrieb er weiter: Hund,
Häher, Hirsch und Hase und
Hamster und Hyäne,
Igel (Vorsicht: Stachelhaar!),
Junikäfer, Jaguar
(Vorsicht: spitze Zähne!).

Keck ging's weiter: Känguru,
Krokodil und Kakadu,
Kuh, Kamel und Katze
Lama, Lurch und Leguan,
Laubfrosch, Luchs und Löwenmann
(Vorsicht: scharfe Pratze!).

2 Finde schnell heraus, um welches Tier es sich handelt. Unterstreiche die Wörter, welche dir dabei geholfen haben.

Dieses Tier lebt als Einzelgänger in Wäldern, Parkanlagen und Gärten und frisst am liebsten Regenwürmer, aber auch Schnecken, Käfer und Früchte. Auf seiner Futtersuche kann es in einer Nacht mehr als drei Kilometer zurücklegen, obwohl es sehr klein ist und kurze Beinchen besitzt. Im Winter hält es eine Ruhezeit. Bei Gefahr schützt es sich durch Einrollen sowie durch sein Fell, welches auf der Rückenpartie aus bis zu drei Zentimeter langen, nadelspitzenfeinen Stacheln besteht.

Dieses Tier lebt in Wäldern, Parkanlagen und Gärten und wohnt in den Bäumen. Es ist ein geschickter Kletterer mit pinselförmigen Ohren und einem buschigen Schwanz. Es gehört zur Familie der Nagetiere und ernährt sich von Nüssen, Waldfrüchten, jungen Trieben, Rinden, Insekten, aber auch von Vogeleiern. Für die Winterzeit vergräbt dieses Tier Vorräte. Es kann sich die Verstecke zwar nicht merken, aber dank seiner feinen Nase findet es seine Vorräte immer wieder.

______________________ ______________________

3 Unterstreiche beim Lesen des Textes ganz schnell alle Lebensmittel, die auf eine Einkaufsliste gehören. Fertige einen richtigen Einkaufszettel an.

Bitte vergiss nicht, 6x Milch zu holen. Montag müssen wir staubsaugen und Blumen gießen. Im Regal hinter den Nudeln findest du Honig und Erdbeermarmelade. Staubwischen und Aufräumen stehen Dienstag auf dem Programm. Aus dem Küchenschrank brauchen wir 6 Eier, 2 Päckchen Vanillezucker, 250g Quark und ein Stück Butter. Das Bad müssen wir am Mittwoch putzen. Vati isst am liebsten Schnittkäse, für mich bitte einen Camembert mitbringen. Den Hamsterkäfig reinigen wir am Donnerstag. Bitte auch an Brot und etwas zum Naschen denken. Vor dem Wochenende müssen wir auch noch die Treppe wischen.

2 Einen Text genau und fehlerfrei lesen

Wissen

Genau und fehlerfrei vorlesen, kannst du nur, wenn du langsam liest. Lass dir Zeit und werde bei Fehlern nicht nervös (und damit schneller). Außerdem solltest du Fehler nicht umständlich ausbessern. Wenn der Sinn nicht sehr gestört wird, lies einfach weiter. Die Aussprache schwieriger Wörter solltest du üben.

1 Lies den immer länger werdenden Satz. Denke dir selbst so einen Satz aus, schreibe ihn in dein Heft und lies ihn fehlerfrei vor.

Spione
Spione, Verschwörer
Spione, Verschwörer und Kriegsherren
Spione, Verschwörer und Kriegsherren zerbrechen
Spione, Verschwörer und Kriegsherren zerbrechen sich
Spione, Verschwörer und Kriegsherren zerbrechen sich seit Jahrtausenden
Spione, Verschwörer und Kriegsherren zerbrechen sich seit Jahrtausenden die Köpfe
Spione, Verschwörer und Kriegsherren zerbrechen sich seit Jahrtausenden die Köpfe über das Verschlüsseln
Spione, Verschwörer und Kriegsherren zerbrechen sich seit Jahrtausenden die Köpfe über das Verschlüsseln von Nachrichten.

2 Lies das Gedicht fehlerfrei vor.

Hans Manz: Achterbahnträume

8
W8soldaten
bew8en
W8eln[1] in Sch8eln
und l8en:
„Auf der W8,
um Mittern8
werden Feuer entf8
und die W8eln geschl8et,
wir haben lange genug geschm8et.“

„8ung“,
d8en die W8eln,
„wir öffnen mit Sp8eln
die Sch8eln,
denn der Verd8
dass man uns hinm8,
ist angebr8“,
und entflogen s8,
abends um
8

1 = Vogelart

3 Lies die beiden Texte und bemühe dich, keinen Fehler zu machen. Löse die Rätsel.

Der Geheimcode der Freimaurer

So geht's:
Zeichnet auf das Papier drei Gitter wie auf unserem Bild unten. In jedes Feld des obersten Gitters malt ihr einen Punkt; die Kästchen des mittleren Rasters bekommen zwei, die untersten bleiben „unbepunktet".
Jetzt tragt ihr das Alphabet ein, so wie auf unserem Bild; zwei Felder ganz unten bleiben leer. Jeder Buchstabe steht nun in einem kleinen „Rahmen"; diesen schreibt ihr als Geheimzeichen auf – natürlich dürft ihr bei den Buchstaben von A bis S die Punkte nicht vergessen.

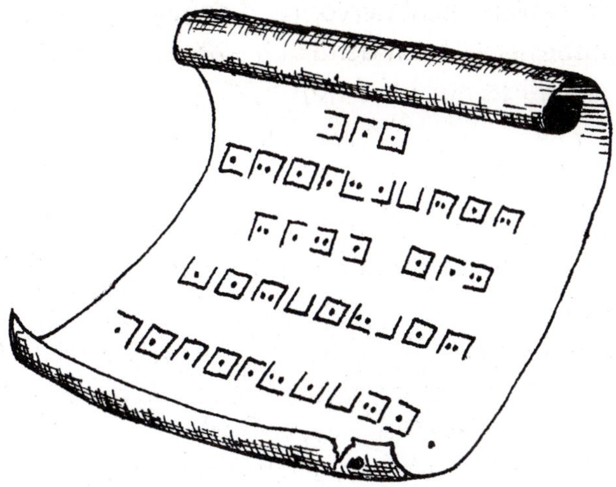

A •	B •	C •
D •	E •	F •
G •	H •	I/J •

K ••	L ••	M ••
N ••	O ••	P ••
Q ••	R ••	S ••

T	U	V
W	X	Y
Z		

Wie lautet also die Nachricht, die auf der Schriftrolle steht?

____

Was würdet ihr denken, wenn ihr folgenden Satz in einer Zeitungsanzeige lesen würdet: „Suche schönen Anorak plus Sweatshirt. Tausche hierfür Cowboystiefel aus modischem Nappaleder. Eilt sehr! Schreibt, ich warte." Wahrscheinlich würdet ihr denken: „Komischer Tausch!" – und weiterblättern. Und ihr hättet nicht einmal geahnt, dass in diesem Text eine geheime Botschaft versteckt ist. Kleiner Tipp: Lest mal die Anfangsbuchstaben aller Worte von hinten nach vorn. Na ...?
„Kryptographie" – so heißt die Kunst vom Ver- und Entschlüsseln geheimer Nachrichten. Das kommt von den griechischen Wörtern „kryptos" (versteckt) und „graphein" (schreiben). Schon der römische Feldherr Caesar verschlüsselte (man sagt auch „chiffrierte") vor über 2000 Jahren brisante Nachrichten.
Vor allem Könige und Päpste nutzten die Kunst der Kryptographie; viele Herrscher hatten sogar „Schwarze Kammern" – Spezial-Abteilungen, die insbesondere eine Aufgabe hatten: abgefangene Nachrichten von Feinden zu „knacken".

Geheime Botschaft, die in der Zeitungsanzeige versteckt ist: ______________________

____

4 Verfasse selbst eine geheime Botschaft und lass diese von einer Freundin oder einem Freund entschlüsseln.

3 Einen Text gezielt lesen

Wissen Wenn du in einem Text nach einer bestimmten Information suchst, musst du ihn gezielt lesen. Dabei solltest du versuchen, unbekannte Wörter aus dem Zusammenhang zu erschließen. Du kannst auch im Wörterbuch nachschlagen. Wähle beim leisen Lesen dein Lesetempo so, dass du den Inhalt gut verstehst.

1 Erschließe die fehlenden Wörter aus dem Zusammenhang. Als Hilfe findest du in den Ellipsen die Wörter in richtiger Groß- und Kleinschreibung rückwärts geschrieben.

Nerot · hcilmieh · Neßarts · Regeirk

Renajort · Edne · Effihcs · Reeh · Nehciez

Thcan · tlegesegba · esolrhew · nreief

Fassungslos stehen die Männer aus Troja vor dem riesenhaften Holzpferd. Zehn Jahre ist ihre Stadt von einem griechischen ______________ belagert worden. Und nun ist der Feind einfach auf seinen Schiffen ______________. Nur dieses gigantische Tier haben die Griechen zurückgelassen vor den ______________ der Stadt. Was soll damit geschehen? Lange berät sich der greise König Priamos mit seinen Heerführern, den Weisen und Priestern.

Am ______________ einigen sie sich, das Pferd in die Stadt zu ziehen. Es wird ein Triumphzug: Die Menschen in den ______________ jubeln und ______________. Das Holzpferd wird zum ______________ für Trojas Sieg. Ein tödlicher Fehler! Denn im Bauch des Pferdes hockt eine Hand voll griechischer ______________. Als es ______________ wird, wagen sie sich heraus. ______________ öffnen sie die Stadttore und geben ihren Leuten Signale – denn die Flotte der Griechen ist nur scheinbar abgesegelt, die ______________ lauern gleich hinterm Horizont. Jetzt segeln sie lautlos heran. Die Soldaten stürmen durch die offenen Tore in die ______________ Stadt und richten ein Blutbad an: Kaum ein ______________ entkommt. Die Griechen legen Feuer. Troja versinkt in einem Flammenmeer.

2 Lies den Text aufmerksam und löse das Kreuzworträtsel mithilfe des Textes (ü=ue).

Der Trick mit dem Pferd ist wohl die bekannteste Kriegslist aller Zeiten und der Kampf um Troja eine der berühmtesten Erzählungen. Der Grieche Homer hat sie um 700 vor Christus verfasst, in zwei langen Gedichten: der „Ilias“ und der „Odyssee“. Die Ereignisse, die er beschreibt, liegen noch länger zurück. Etwa 500 Jahre soll es zu Homers Zeiten her gewesen sein, dass die Heere Trojas und der Griechen aufeinander prallten. Mit anderen Worten: eine Ewigkeit.
Kein Wunder, dass es immer schon Zweifel gab am Bericht Homers. Warum sollte seine Dichtung auch viel mit der Wahrheit zu tun haben. War sie dafür nicht etwas zu fantastisch? Mal ehrlich, wärt ihr auf die Nummer mit dem Pferd reingefallen? Eben.
Trotzdem gab es zu jeder Zeit Menschen, die Homers Geschichte als Tatsachenbericht lasen. Vor allem im 19. Jahrhundert kam es in Mode, den Spuren der alten Griechen nachzugehen. Damals machten sich immer wieder Entdecker auf, mit der „Ilias“ unterm Arm die sagenhafte Stadt zu finden. Glücklicherweise hat Homer nämlich recht genau beschrieben, wo die lag: in einer weiten Ebene an der Küste der heutigen Westtürkei. Allerdings fand man dort nichts als ein paar karge Hügel und armselige Dörfer. Von einer Stadt keine Spur. Also doch alles erfunden?

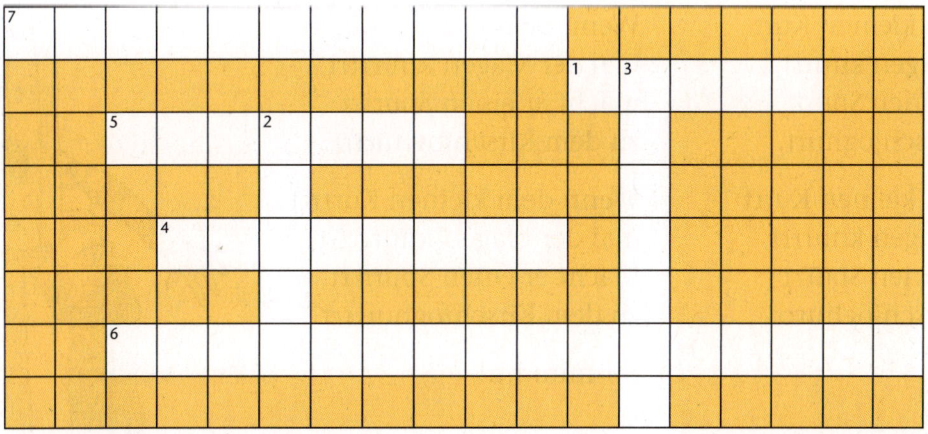

waagerecht:
1 Wer hat die Geschichte von Troja erzählt?
4 Wie lange ist das Ereignis her?
5 Was gab es schon immer an dem Bericht?
6 Als was lasen viele Menschen die Geschichte?
7 Wo lag die sagenhafte Stadt?

senkrecht:
2 Gedichtname
3 Gedichtname

3 Vergleiche die beiden Texte. Markiere die 13 Veränderungen im rechten Text.

Einer, der immer daran glaubte Troja zu finden, war Heinrich Schliemann, Pfarrerssohn aus Magdeburg und Kaufmann von Beruf.
Nach vielen Jahren ist es soweit: Schliemanns Leute finden Vorratsgefäße, Götterbilder und Festungsmauern.
Im Jahr darauf entdeckt der Forscher einen riesigen Goldschatz. Er glaubt, den Schatz des Priamos, des Trojanischen Königs, gefunden zu haben und besiegelt seinen Ruhm als Entdecker Trojas.
Bis heute ist es umstritten, ob der Schatz wirklich aus Troja stammt.

Einer, der noch immer daran glaubte Troja zu entdecken, war Heinrich Schleiermann, Pfarrerssohn von Magdeburg und Kaufmann von Beruf.
Nach etlichen Jahren ist es soweit: Schliemanns Arbeiter finden Vorratsgefäße, Götterbilder und Stadtmauern.
Im Jahr darauf entdeckt der Forscher sogar einen riesigen Schatz. Er glaubt, den Schatz des Priamos, des Trojanischen Königs, gefunden zu haben und besiegelt seinen Ruhm als Forscher Trojas.
Bis jetzt ist aber umstritten, ob der Schatz wirklich aus Troja kommt.

4 Einen Text zum Vorlesen vorbereiten

Wissen

Wenn du einen Text vorlesen möchtest, bereite das gründlich vor. Wichtig ist, dass du den Text verstanden hast. Dann entscheidest du, wo du eher laut oder leise sprechen, wo du Pausen machen oder schneller sprechen möchtest. Außerdem überlegst du dir, wie du bestimmte Stellen ausdrucksstark vorlesen möchtest, z. B. geheimnisvoll, ängstlich oder wütend.

1 Trage das Gedicht so vor, wie es der Autor (unten in Klammern) empfiehlt.

Erwin Grosche: Das kleine Lied vom großen Hunger

Wenn dem kleinen Kurt
mal der Magen knurrt,
macht er einen Spurt
zu dem Kirschjoghurt.

Wenn dem kleinen Kurrt
mal der Magen knurrrt,
macht er einen Spurrt
zu dem Kirschjoghurrt.

Wenn dem kleinen Kurrrt
mal der Magen knurrrrt,
macht er einen Spurrrt
zu dem Kirschjoghurrrt.

Wenn dem kleinen Kurrrrt
mal der Magen knurrrrrt,
macht er einen Spurrrrt
zu dem Kirschjoghurrrrt.

Mhmmmm!

(Das Gedicht wird immer schneller und immer knurrender gesprochen, bis am Schluss ein Kirschjoghurt gegessen wird und Kurt ganz zufrieden ist. Rolle dabei schön das „r“, dann hört man auch, wie sehr der Magen knurrt.)

2 Lies betont die folgenden Weckanrufe in einem Hotel vor.

Erwin Grosche: Der freche Weckdienst

Guten Morgen. Es ist 7 Uhr, Sie wollten um 10 Uhr geweckt werden.
Guten Morgen. Wollten Sie geweckt werden? Es ist 7 Uhr.
Guten Morgen. Es ist 7 Uhr, Sie wollten um 5 Uhr geweckt werden.
Guten Morgen. Hatten Sie ein Taxi bestellt? Nicht! Aber es ist da.
Guten Morgen. Es ist 7 Uhr, könnten Sie sich vorstellen, wer aus unserem Hotel ein Taxi bestellt haben könnte?
Guten Morgen. Könnten Sie mir sagen, wie spät es ist?
Guten Morgen. Es ist 7 Uhr und ich hatte nichts zu tun. Ich dachte mir, ich wecke Sie, vielleicht könnten Sie mich wach halten. Ich fühle mich so müde.
Guten Morgen. Es ist 7 Uhr, Sie wollten auf gar keinen Fall vor 11 Uhr geweckt werden.
Guten Morgen. Ich habe nun Feierabend und wollte wissen, ob ich Sie noch wecken soll?

3 Lies den Text mehrmals und probiere dabei unterschiedliche Lesvarianten aus.
- Unterstreiche dann im Text mit einer farbigen Linie, was du laut, und mit einer farbigen Wellenlinie, was du leise lesen möchtest.
- Versuche ganz bewusst, das Lesetempo zu verändern.
- Wie muss die wörtliche Rede der Heuschrecke gelesen werden?

Die Heuschrecken und der Elefant

Es geschah einmal, dass in einem Jahr, als die Gräser in frischem Grün standen und der Reis voll reifer Ähren hing, ein Elefant aus dem dichten Wald in die Ebene herabstieg und in den Feldern herumstampfte, als ob sie sein Lebensbereich wären. Da er gar sehr mit den Ohren wackelte, die mächtigen Stoßzähne auf und nieder bewegte, den Rüssel einrollte und mit dem Schwanz wedelte, fürchteten sich alle anderen dort lebenden Tiere wie die Wasserbüffel, Rinder und Vögel vor der Macht des Elefanten, mieden die Felder und Weiden und wagten nicht wie bisher, dort zu grasen und Reiskörner zu fressen.
Zu jener Zeit lebte unter den Gräsern eine Heuschrecke, die hin und her sprang, um nicht von den Füßen des Elefanten zertreten zu werden. Sie rief viele ihrer Gefährtinnen zu sich und sprach: „Ihr seht, was sich jetzt der Elefant herausnimmt. Es ist unerhört! Wenn er sich ständig hier aufhält, werden viele Tiere wie die Wasserbüffel, Rinder, Hirsche, Vögel und auch wir selbst verhungern: Unser Leben ist in Gefahr, denn was kann man gegen ein Wesen ausrichten, dessen Beine so groß und stark wie ein Hauspfeiler sind. Wir sind klein und schwach, und wenn einer von uns allein auf sich gestellt mit ihm kämpft, werden wir unterliegen. Wenn wir uns aber zusammentun und ihn gleichzeitig angreifen, indem die einen ihn mit ihren Zangen beißen und die anderen mit den Füßen treten, dann werden wir ja sehen, ob er es nicht vorzieht, das Weite zu suchen."
Als die Heuschrecken dies vernahmen, stimmten sie begeistert zu, und nachdem sie sich zu Scharen vereinigt hatten, stachen, traten, bissen und schlugen sie den Elefanten am

Ohr, an den Backen, unter dem Schwanz und am Kopf. Der Elefant, der nicht wusste, wie ihm geschah, wurde von Entsetzen gepackt, floh Hals über Kopf in den dichten Wald und wagte nicht mehr, in den Lebensraum der anderen Tiere einzudringen.
Die Heuschrecken, Wasserbüffel, Rinder, Hirsche und Vögel kehrten wieder auf die Felder und Wiesen zurück und gingen friedlich ihrer Nahrungssuche nach.
Weil die kleinen und schwachen Heuschrecken gemeinsam den großen und starken Elefanten besiegt haben, geht im Volksmunde das Sprichwort um: „Die Heuschrecken geben dem Elefanten einen Fußtritt."

4 In der rechten Spalte steht jeweils zweimal dieselbe Antwort auf unterschiedliche Fragen. Lies aufmerksam die Sätze und achte darauf, wie sich die Fragen unterscheiden. Überlege, wie du die Antworten jeweils betonen musst. Lies anschließend die Fragen und Antworten laut.

Ist der Begriff Sage der Name für eine schriftlich überlieferte kurze Erzählung?	Der Begriff Sage ist der Name für eine mündlich überlieferte kurze Erzählung.
Ist der Begriff Sage der Name für eine längere mündlich überlieferte Erzählung?	Der Begriff Sage ist der Name für eine mündlich überlieferte kurze Erzählung.
Setzt sich der Erzähler in der dämonischen Sage mit Fabelwesen auseinander?	In der dämonischen Sage setzt sich der Erzähler mit Fabelwesen, wie Hexen, Zwergen und Drachen auseinander.
Setzt sich der Erzähler in der dämonischen Sage mit Essgewohnheiten auseinander?	In der dämonischen Sage setzt sich der Erzähler mit Fabelwesen, wie Hexen, Zwergen und Drachen auseinander.
Enthalten alle historischen Sagen einen wahren Kern?	Alle historischen Sagen enthalten einen wahren Kern.
Enthält die Hälfte der historischen Sagen einen wahren Kern?	Alle historischen Sagen enthalten einen wahren Kern.
Erzählen sich nur die Menschen in unserem Land Sagen?	Fast überall auf der Welt erzählen sich die Menschen Sagen.
Erzählen sich überall auf der Welt Menschen Sagen?	Fast überall auf der Welt erzählen sich die Menschen Sagen.
Nimmt es der Erzähler eines Märchens mit der Wahrheit nicht so genau?	In einem Märchen nimmt es der Erzähler mit der Wahrheit nicht so genau.
Nimmt es der Erzähler eines Märchens mit der Grammatik nicht so genau?	In einem Märchen nimmt es der Erzähler mit der Wahrheit nicht so genau.
Erzählten früher die Adligen in den Märchen ihre Wünsche und Träume?	Das Volk erzählte in den Märchen seine Wünsche und Träume.
Erzählte das Volk in den Märchen über seine Geschichte?	Das Volk erzählte in den Märchen seine Wünsche und Träume.

Wissen

Notiere anschließend im Text Pausen- und Betonungszeichen: Wörter, die betont werden sollen, unterstreichst du. Mit senkrechten Strichen markierst du die Sprechpausen (/ = kurze Sprechpause, // = lange Sprechpause). Soll die Stimme gehoben (↑) oder gesenkt (↓) werden, zeichnest du über dem Wort einen entsprechenden Pfeil. Neben dem Text kannst du dir auch Adjektive notieren, welche bezeichnen, wie du an dieser Stelle sprechen möchtest.

5 Lies den ersten Abschnitt, in dem alle Satzzeichen fehlen. Notiere im Text Pausenzeichen für kurze und lange Sprechpausen. Lies den Abschnitt anschließend laut vor.

6 Kennzeichne im Text alle Wörter, die du betonen möchtest. Schreibe neben den Text Adjektive, die ausdrücken, wie du diese Textstelle sprechen möchtest. Lies den gesamten Text laut vor.

Der geizige Bauer

es war einmal ein Bauer der brachte Birnen nach dem Markt weil sie sehr süß und duftend waren hoffte er einen guten Preis dafür zu bekommen ein Fremder mit zerrissener Mütze und in zerfetzten Kleidern trat an den Wagen heran und bat um eine der Bauer wies ihn ab doch der Mann ging nicht da ward der Bauer böse und begann ihn zu beschimpfen.

Der Fremde sprach:/ „In eurem Wagen habt ihr viele hundert Birnen.// Ich bitte euch ja nur um eine. Das bringt euch doch keinen großen Schaden. Warum werdet ihr gleich so böse?" Die Umstehenden sagten, er solle ihm doch eine Birne geben und ihn gehen lassen. Aber der Bauer wollte durchaus nicht. Ein Handwerker sah es von seinem Laden aus, und weil ihm der Lärm lästig war, holte er Geld, kaufte eine und gab sie dem Mann.
Dieser bedankte sich und sprach: „Man darf nicht knickrig sein. Ich habe schöne Birnen und lade euch alle ein mitzuessen." Da sagte einer: „Wenn du Birnen hast, warum issest du denn nicht deine eigenen?" Er sprach: „Ich brauche erst einen Kern zum Stecken", und begann, die Birne schmatzend aufzuessen. Er nahm einen Kern in die Hand, nahm seine Hacke von der Schulter und grub ein Loch von ein paar Zoll. Er steckte den Kern hinein und bedeckte ihn mit Erde. Dann verlangte er von den Marktleuten Suppe, um ihn zu begießen. Ein paar Neugierige holten in einer Straßenherberge heißes Wasser, und der Fremde begoss damit den Kern. Tausend Augen waren auf die Stelle geheftet. Schon sah man einen Keim herauskommen. Allmählich wuchs er und war in einem Augenblick zu einem Baume geworden. Zweige und Laub sprossten hervor, blühten, und alsbald waren die Früchte reif, lauter große, duftende Birnen, die in dichten Mengen am Baume hingen. Der Mann stieg hinauf und gab sie den Umstehenden. Im Augenblick war der Baum leer gegessen. Da nahm er seine Hacke und hackte den Baum ab. Krach, krach, ging es, da war der Baum ab. Er nahm ihn auf die Schulter und ging in gemächlichem Schritt weg.
Als der Fremde seinen Zauber spielen ließ, da hatte auch der Bauer sich unter die Zuschauer gemischt. Mit langem Hals und stieren Augen hatte er dagestanden und seinen Birnenhandel ganz vergessen. Als der Fremde weg war, sah er sich nach seinem Wagen um. Die Birnen waren alle weg. Da merkte er, dass jener seine eigenen Birnen verteilt hatte.
Er sah näher zu, da fehlte an dem Wagen auch die Deichsel. Man konnte ganz deutlich sehen, dass sie frisch abgehackt war. Er war aufgebracht und lief, so schnell er konnte, dem Manne nach. Als er um die Ecke kam, lag die fehlende Deichsel unten an der Stadtmauer. Da merkte er, dass der abgehackte Birnbaum seine Deichsel war. Der Fremde aber war nirgends zu finden, und alle Marktleute brachen in lautes Gelächter aus.

1 Bereite den Text zum Vorlesen vor. Lies anschließend den Text ausdrucksstark vor und nimm den Vortrag auf Kassettenrecorder auf.

Eine tugendsame Frau lernt fluchen

Von dieser Wanderung durch das seenreiche Mecklenburger Land gibt es noch eine andere Geschichte. Sie soll sich in einem Nachbardorf Sewekows, vielleicht im nahen Buchholz oder in Mirow, zugetragen haben.
Da stand eine alte Frau im Garten. Sie war dabei Unkraut auszureißen. Und als Hans Clauert vorüberkam und sie freundlich grüßte, trat sie an den Zaun, dankte ihm noch freundlicher und führte so honigsüße Reden im Munde, dass es Clauert schon verdross. Er fragte sie also, ob es wahr sei, dass in Mecklenburg die Frauen so erbärmlich zu fluchen verstünden; man hätte ihm davon erzählt.
Da tat die Frau ganz entsetzt. „O nein, lieber Sohn, wo sollte ich denn fluchen gelernt haben!", rief sie. „Bin ich doch keinem Menschen so gram wie dem, der flucht!"
„Nun, das ist recht", meinte Clauert salbungsvoll und fügte schnell hinzu: „Man hat mir aber gesagt, liebe Mutter, ihr wäret ein schlimmes Klatschmaul und hieltet euch heimlich an den Wacholderschnaps."
Da konnte man nun die Alte schelten hören! Schelm und Tagedieb, ausgelausten Hundebalg und räudigen Mistbock hieß sie unseren Clauert, wünschte ihm mehr als zwanzig Tonnen voll Teufel in den Leib und konnte sich nicht genugtun mit Fluchen und Schreien. Clauert stand da, und als die Frau Atem schöpfte und schon dabei war, fortzufahren in ihrem Gekeife, sagte er freundlich und tat ganz verwundert dabei:
„Man möcht's nicht glauben, dass ihr das Fluchen eben erst gelernt habt. Hätte ich vorhin eure Rede nicht mit eigenen Ohren gehört, ich hätte gemeint, ihr müsstet es früher schon fleißig geübt haben." Wandte sich und ging davon.

Erzählen

1 Eine Erzählung verfassen

Wissen

Ideen, Bilder, eigene Erlebnisse und auch etwas, was du gesehen, gehört oder gelesen hast, kannst du erzählen. Möchtest du eine zusammenhängende Geschichte verfassen, solltest du dich entscheiden, aus welcher Sicht du die Geschichte erzählen möchtest (Ich-, Er- oder Sie-Geschichte).

1 Schreibe aus der Sicht von Pinocchio einen Tagebucheintrag (Ich-Geschichte) zu dem folgenden Erlebnis. Arbeite in deinem Heft.

Carlo Collodi: Pinocchio (Ausschnitt)

Pinocchio ist eine freche Märchenfigur aus Holz mit einer langen Nase, die allerlei Abenteuer erlebt.

Mittlerweile begann es, Nacht zu werden. Und Pinocchio, dem einfiel, dass er noch nichts gegessen hatte, spürte ein leichtes Rumoren im Magen, das sehr an Appetit erinnerte. Aber der Appetit wächst bei Kindern schnell, und flugs wurde nach wenigen Minuten aus dem Appetit Hunger, und aus dem Hunger wurde dann ein Bärenhunger.
Der arme Pinocchio lief plötzlich zum Herd, auf dem ein kochender Topf stand, wollte den Deckel heben, um zu sehen, was drin war; aber der Topf war ja nur auf die Wand gemalt. Ihr könnt euch seine Enttäuschung vorstellen. Seine Nase, die schon so lang war, wurde mindestens vier Finger länger.

Nun rannte er durch das Zimmer, stöberte in allen Kisten, allen Verstecken herum und suchte etwas Brot […]. Da glaubte er plötzlich im Abfallhaufen etwas Rundes und Weißes zu sehen, das ganz wie ein Hühnerei aussah. Wie der Blitz sprang er hin und griff danach – es war wirklich ein Ei. Pinocchios Freude kann man nicht beschreiben, man kann sie sich nur einfach vorstellen. Alles kam ihm wie ein Traum vor. Er drehte das Ei in den Händen, streichelte und küsste es und sagte: „Und wie soll ich es nun zubereiten? Soll ich ein Omelett machen? Nein, ich koche es lieber. Nein, am schnellsten geht es im Tiegel oder in der Pfanne. Und ich habe ja einen solchen Hunger darauf."
Gesagt, getan. Er stellte ein kleines Pfännchen auf das Becken voll glühender Kohle, tat anstelle von Öl oder Butter etwas Wasser in das Pfännchen, und als das Wasser zu dampfen anfing, knack – zerbrach er die Eierschale und wollte das Ei in das Pfännchen geben.
Aber anstelle von Eiweiß und Dotter schlüpfte ein quietschfideles und liebes Küken aus, machte eine artige Verbeugung und sagte: „Tausend Dank, Herr Pinocchio, Ihr habt mir die Mühe, die Schale aufzubrechen, erspart. Auf Wiedersehen, alles Gute und viele Grüße zu Hause." Daraufhin breitete es die Flügel aus und flog durch das offene Fenster und war bald nicht mehr zu sehen.
Der arme Pinocchio stand wie versteinert da, mit starrem Blick und offenem Mund und den Eierschalen in den Händen. Als er sich nach dem ersten Schrecken wieder gefangen hatte, begann er zu weinen, zu schreien und aus lauter Verzweiflung mit den Füßen auf den Boden zu stampfen.

Wissen

Anschließend ordnest du deine Einfälle und baust sie Schritt für Schritt zu einer Geschichte auf. Im ersten Schritt erzählst du, wie alles anfängt (Anfang). Du kannst den Ort und die Zeit der Handlung sowie die beteiligten Personen vorstellen oder etwas erzählen, das die Neugier des Lesers weckt.
Im zweiten Schritt erzählst du, was Besonderes passiert ist (Hauptteil). In einem dritten Schritt erzählst du, wie das besondere Ereignis schließlich zu einem Ende kommt (Schluss).

2 Lies alle Abschnitte und ordne sie. Bei richtiger Reihenfolge ergeben die Buchstaben in den Kreisen zwei Lösungswörter. Sie beschreiben das Aussehen der Fee, die im Buch „Pinocchio" eine wichtige Rolle spielt.
Unterstreiche alle Sätze, die in die Einleitung gehören, rot und alle Sätze, die in den Schlussteil gehören, grün.

nach Carlo Collodi: Pinocchio (Ausschnitt)

Pinocchio hat vom Direktor der Puppenbühne fünf Goldmünzen bekommen, die er seinem Vater Gepetto bringen soll.

S Sie hatten mehr als die Hälfte des Weges zurückgelegt, als der Fuchs plötzlich stehen blieb und zu Pinocchio sagte: „Willst du deine Goldmünzen vermehren?" „Was?" „Willst du aus fünf armseligen Kröten hundert, tausend oder zweitausend machen?"
„Und ob! Aber wie?"

L „Guten Morgen, Pinocchio", sagte der Fuchs zu ihm und begrüßte ihn höflich.
„Woher kennst du denn meinen Namen?", fragte der hölzerne Junge.
„Ich kenne deinen Vater gut."
„Wo hast du ihn gesehen?"

H „Das ist höchst einfach. Statt nach Hause zu gehen, musst du nur mit uns kommen." „Und wohin wollt ihr mich führen?"
„Ins Land der Einfältigen."

A „Gestern sah ich ihn vor seiner Haustür."
„Und was machte er?"
„Er stand in Hemdsärmeln da und schlotterte vor Kälte."
„Armer Vater! Aber, so Gott will, wird er von heute an nicht mehr schlottern müssen." „Warum?"

B Er war noch keinen halben Kilometer gegangen, da traf er auf der Straße einen Fuchs, der auf einem Bein lahmte, und einen Kater, der auf beiden Augen blind war. Sie kamen zusammen daher und halfen sich als gute Leidensgenossen gegenseitig.

U „Es tut mir wirklich Leid, euch den Mund wässrig zu machen, aber hier sind, wenn euch das etwas sagt, fünf wunderbare Goldmünzen."

E

Beim süßen Klang der Münzen machte der Fuchs eine ungewollte Bewegung und streckte das scheinbar steife Bein, und der Kater riss seine beiden Augen auf, die wie zwei grüne Laternen aussahen, dann schloss er sie ganz schnell wieder; Pinocchio hatte jedenfalls nichts bemerkt.

R

„Wir", fuhr der Fuchs fort, „arbeiten doch nicht des schnöden Gewinns wegen. Wir arbeiten nur, damit andere reich werden."
„Reich werden", schwatzte der Kater nach.
„Was für rechtschaffene Leute!", dachte sich Pinocchio. Und vergaß im Handumdrehen seinen Vater und alle guten Vorsätze. Er sagte zum Fuchs und zum Kater: „Gehen wir gleich! Ich komme mit."

A

„Aber wie ist es möglich, dass aus fünf Münzen so viele werden?", fragte Pinocchio, dem vor Staunen der Mund offen blieb.
„Das will ich dir gleich erklären", sagte der Fuchs. „Du musst nämlich wissen, dass es im Land der Einfältigen ein gesegnetes Feld gibt, das von allen das Feld der Wunder genannt wird. Du gräbst auf diesem Feld ein kleines Loch und legst, sagen wir, eine Goldmünze hinein. Dann füllst du das Loch wieder mit etwas Erde, begießt es mit zwei Eimern Brunnenwasser, streust eine Prise Salz darauf und legst dich am Abend ruhig ins Bett. In der Nacht keimt und blüht unterdessen das Goldstück, und wenn du am nächsten Morgen aufstehst und aufs Feld gehst, rate mal, was du da findest? Du findest einen schönen Baum, an dem so viele Goldmünzen hängen wie im Juni eine schöne Ähre Körner tragen kann."

A

„O wie schön!" rief Pinocchio und tanzte vor Freude. „Wenn ich diese Münzen geerntet habe, behalte ich zweitausend für mich und den Rest, den schenke ich euch beiden."
„Uns schenken?", sagte der Fuchs entrüstet und spielte die beleidigte Leberwurst.

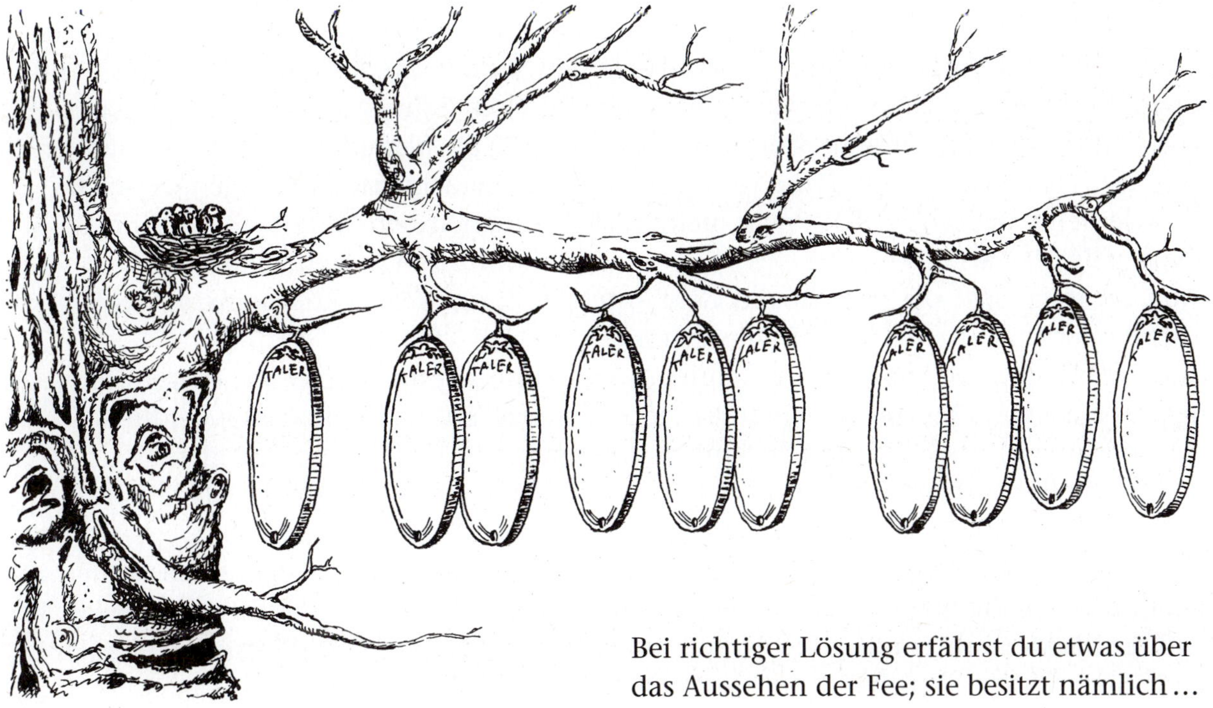

Bei richtiger Lösung erfährst du etwas über das Aussehen der Fee; sie besitzt nämlich …

Wissen

Eine Erzählung braucht eine Überschrift. Sie soll kurz sein und auf die Geschichte neugierig machen, aber nicht zu viel verraten.
Außerdem musst du beim Schreiben darauf achten, dass du in der Vergangenheit (Präteritum) erzählst.

3 Überlege dir für den Text drei weitere Überschriften und entscheide dich für eine.

Die versteckten Goldstücke, Die Flucht, Die Mörder, …

4 Suche jeweils das passende Verb und setze es im Präteritum ein.

sagen spucken versuchen packen stellen lassen fliehen beißen drehen schreien machen klingeln befreien

nach Carlo Collodi: Pinocchio (Ausschnitt)

Aber Pinocchio konnte seine Überlegungen gar nicht zu Ende bringen, denn in diesem Augenblick glaubte er, hinter sich ein ganz leichtes Rascheln in den Blättern zu hören. Er ______ sich um und sah, wie im Dunkeln zwei düstere, in Kohlensäcken steckende Gestalten auf Zehenspitzen hinter ihm her waren, als wären es zwei Gespenster.
„Da sind sie tatsächlich!“, ______ er zu selbst, und weil er nicht wusste, wo er die vier Goldmünzen verstecken sollte, ______ er sie im Mund, genauer gesagt, unter der Zunge verschwinden.
Dann ______ er zu entwischen. Aber er hatte noch nicht einmal den ersten Schritt getan, da spürte er, wie man ihn an den Armen ______ und er vernahm zwei fürchterliche, hohle Stimmen, die ihm zuriefen: „Geld oder Leben!“
Pinocchio, der nicht antworten konnte, weil er die Goldmünzen im Munde hatte, ______ tausend Bücklinge und Verrenkungen, um den beiden Vermummten, von den man lediglich die Augen durch zwei Schlitze in den Säcken sah, klarzumachen, dass er nur ein armer Holzjunge sei und nicht einmal einen falschen Zehner in seiner Tasche habe.
„Los, los! Keine Faxen und das Geld her!“, ______ die beiden Räuber mit drohender Stimme, „sonst bist du tot!“ „Und wenn wir dich umgebracht haben, bringen wir auch noch deinen Vater um.“ „Nein, nein, nein, nicht meinen armen Vater!“, schrie Pinocchio verzweifelt; aber als er so schrie, ______ die Goldmünzen in seinem Munde.
„Aha, du Spitzbube! Du hast also das Geld unter der Zunge versteckt? Spucke es sofort aus!“ Pinocchio ______ sich schwerhörig.
Da holte der kleinere Mörder ein furchtbares Messer hervor und versuchte, es ihm als eine Art Hebel und Meißel zwischen die Lippen zu stecken. Aber Pinocchio, der flink wie ein Hase war, packte seine Hand mit den Zähnen, ______ sie ihm glatt ab und ______ sie aus. Stellt euch seine Verwunderung vor, als er sah, dass er keine Hand, sondern eine Katzenpfote auf den Boden gespuckt hatte.
Mutig wie er nach diesem ersten Sieg geworden war, ______ er sich aus den Krallen der Mörder, sprang über die Hecke am Straßenrand und ______ übers offene Feld.
Und die Mörder rannten wie zwei Hunde hinter einem Hasen her, und der, dem eine Pfote fehlte, lief, man weiß nicht wie, nur auf einem Bein.

2 Eine Erzählung inhaltlich überarbeiten

Wissen

Damit man eine Geschichte verstehen kann, musst du sie vollständig und in der richtigen Reihenfolge erzählen. W-Fragen können dir helfen, den sinnvollen Aufbau einer Geschichte zu überprüfen: Wer? Wann? Wo? Was geschieht? Warum?
Man kann beim Lesen einer Geschichte besser folgen, wenn nach den einzelnen Erzählschritten ein Absatz kommt. Beim Überarbeiten einer Erzählung solltest du prüfen, was im Textzusammenhang unwichtig ist. Streiche alles Überflüssige.

1 In dem Ausschnitt fehlen einige Informationen. Schreibe mit Rot die Zahl der Frage an die entsprechende Stelle im Text. Ordne den Fragen die Antworten zu.

1 Wer brachte ihm Medizin?
2 Warum war Pinocchio so schnell putzmunter?
3 Wann ging die Tür auf?
4 Wer trug die Totenbahre herein?
5 Wo lag Pinocchio?

- im Bett
- in diesem Moment
- weil Holzpuppen ganz schnell gesund werden
- vier schwarze Hasen
- die Fee

2 Streiche im Text Unwichtiges durch und kennzeichne farbig die Stellen, wo ein Absatz gesetzt werden sollte.

nach Carlo Collodi: Pinocchio (Ausschnitt)

Pinocchio lag. Sie brachte ihm Medizin, ein weißes Pulver, gelöst in einem halben Glas Wasser. Pinocchio fragte mit weinerlicher Stimme: „Schmeckt es süß oder bitter?“ „Bitter, aber es wird dir helfen, nicht zu sterben.“ „Bitteres schmeckt mir nicht.“ „Trink es, danach gebe ich dir ein Stückchen Zucker, dann ist der bittere Geschmack weg.“ Pinocchio wollte erst ein Stückchen Zucker und danach die Medizin. Die Fee willigte ein. Aber auch nach einigen Zuckerstückchen hatte Pinocchio noch keine Medizin getrunken. Er erfand Ausreden: Er konnte nicht trinken, weil ihn das Kissen störte, dann weil die Zimmertür halb offen stand. Zuletzt brach er in Tränen aus und schrie: „Nein, nein, nein, dieses bittere Wasser trinke ich nicht!“ Es ist doch schlimm, wenn Kinder immer weinen, außerdem muss man seine Medizin schlucken. Ein solches Theater. Nur richtig bittere Medizin hilft. Die Fee fragte erstaunt: „Hast du denn gar keine Angst vor dem Tod?“ „Überhaupt keine! – Lieber sterben als diese grässliche Medizin trinken.“ Die Tür ging auf, und eine kleine schwarze Totenbahre wurde hereingetragen. „Was wollt ihr von mir?“, rief Pinocchio und richtete sich verängstigt im Bett auf. „Wir sind gekommen, um dich abzuholen.“ Da nahm Pinocchio das Glas mit beiden Händen und leerte es in einem Zug. Und wenig später war er schon wieder putzmunter.

3 Eine Erzählung sprachlich überarbeiten

Wissen

Geschichten sollten anschaulich und spannend erzählt werden. Der Leserin/dem Leser soll es so vorkommen, als könnte sie/er mitansehen und miterleben, was erzählt wird.
Du musst genau ausdrücken, wie etwas aussieht, wie sich etwas anhört, wie etwas riecht, wie etwas schmeckt oder wie sich etwas anfühlt (Sinneswahrnehmungen). Um sich besser in die Person einer Geschichte hineinversetzen zu können, solltest du erzählen, was im Inneren dieser Person (innere Handlung) vor sich geht, wie sie sich fühlt, was sie denkt und wie sie eine Situation versteht (Gedanken und Gefühle).

1 Lies den Textausschnitt. Versetze dich in die Lage von Pinocchio und überlege, was er in dieser Situation mit seinen fünf Sinnen wahrnimmt. Übernimm die Tabelle in dein Heft und ergänze.

Sehen	Hören	Riechen	Schmecken	Fühlen
schwarz vor Augen	*Rauschen in den Ohren*	*Geruch nach Tang*	*wird übel*	*Schläge der Fische*

2 Pinocchio hat große Angst. Zähle auf, wie sich Gefühle wie Angst, Erschrecken oder Aufregung bemerkbar machen können.

wie gelähmt sein, aufgerissene Augen, Gänsehaut,

____

____

____

3 Überarbeite diesen Ausschnitt, so dass er anschaulicher wird. Erzähle dazu, was im Inneren von Pinocchio vor sich geht, schildere seine Sinneswahrnehmungen sowie seine Gedanken und Gefühle. Arbeite in deinem Heft.

Carlo Collodi: Pinocchio (Ausschnitt)

Nachdem Pinocchio im Meer dem Hund Alidoro, der zu ertrinken drohte, das Leben gerettet hat, passiert ihm plötzlich folgendes:

Er versuchte sofort zu entkommen, aber es war schon zu spät, denn zu seinem größten Entsetzen fand er sich in einem großen Netz gefangen, inmitten eines Gewimmels von Fischen jeglicher Form und Größe, die mit den Schwänzen schlugen und sich wehrten wie so viele Geschöpfe, wenn sie in Not sind. […]
Im gleichen Augenblick sah er, wie ein fürchterlicher Fischer aus der Grotte herauskam, der so grässlich wie ein Meeresungeheuer aussah. Anstelle von Haaren wucherte ein dichtes Gestrüpp aus grünem Gras auf seinem Kopf, grün waren seine Augen, grün war sein langer, langer Bart, der bis zum Boden herabhing. Er sah aus wie eine grüne Rieseneidechse, die auf den Hinterbeinen steht.

Wissen

Durch den Einsatz von treffenden Verben, Adjektiven und Vergleichen kannst du anschaulich und abwechslungsreich erzählen. Nutze für die Suche nach treffenden Verben ein Wortfeld. Ein Wortfeld kann auch helfen, Wortwiederholungen zu vermeiden.
Achte außerdem darauf, dass du unterschiedliche Satzanfänge verwendest.

4 Erstelle in deinem Heft mithilfe des Gedichtes jeweils ein Wortfeld zu „sich langsam fortbewegen", „sich schnell fortbewegen" und „sich auf besondere Weise fortbewegen".

Rosemarie Künzler-Behncke: Gehen – laufen – springen

Ich gehe – ich eile – ich laufe – ich springe
ich renne – ich rase – ich sause – ich schwinge
ich flitze – ich wandre – ich schlendre – ich schreite
ich hüpfe – ich hopse – ich tänzle – ich gleite
ich stelze – ich taumle – ich torkle – ich schleiche
ich stampfe – ich tripple – ich hinke – ich weiche
ich humple – ich schlurfe – ich bummle – ich schwanke
ich husche – ich trotte – ich trödle – ich wanke …

5 Setze in dem Text treffende Adjektive ein.

nach Carlo Collodi: Pinocchio (Ausschnitt)

Pinocchio wird von seinem Freund Docht überredet mit ins Spielzeugland zu fahren.

Wo willst du ein Land finden, das für uns ______ wäre? Dort gibt es keine ______ Schule, dort gibt es keine ______ Lehrer, dort gibt es keine ______ Bücher. In diesem ______ Land braucht man nie zu lernen.

Der Donnerstag ist schulfrei, und jede Woche hat sechs Donnerstage und einen Sonntag.

6 Ergänze in den Sätzen jeweils einen Vergleich.

So ein Leben ist wie ______

Ein Tag im Spielzeugland vergeht schneller als ______

Man fühlt sich dort wie ______

7 Überarbeite den Text in deinem Heft. Ersetze das Verb „gehen", ergänze treffende Adjektive, verändere die Satzanfänge, stelle die Satzglieder um und bilde zusammengesetzte Sätze.

Pinocchio ging die Straßen entlang, auf denen unzählige Jungen spielten. Pinocchio ging fast jeden Abend spazieren. Pinocchio ging plötzlich einem Jungen entgegen, den er kannte. Pinocchio begrüßte Docht. Pinocchio dankte Docht für die Idee ins Spielzeugland zu fahren. Pinocchio und Docht gingen zusammen weiter. Pinocchio erinnerte sich an das Theaterplakat. Pinocchio und Docht gingen in Richtung Puppentheater, wo sie den Abend verbringen wollten.

Wissen Anschaulich wirkt eine Geschichte, wenn du Gespräche wörtlich (direkte Rede) wiedergibst.

8 Betrachte die Bildgeschichte und schreibe auf, was Pinocchio und Docht wohl sagen. Verwende die wörtliche Rede. Achte dabei auf die Zeichensetzung.

Im Spielzeugland werden Pinocchio und sein Freund vom „Eselsfieber" befallen.

Bild 1

Bild 2

Bild 3

Bild 4

9 Entscheide, welches Bild den Höhepunkt der Geschichte darstellt. Erzähle aus Sicht von Docht eine Ich-Geschichte. Achte darauf, dass du besonders anschaulich erzählst, indem du die wörtliche Rede verwendest, aber auch die Sinneswahrnehmungen, Gedanken und Gefühle von Docht schilderst. Arbeite in deinem Heft.

Beschreiben

1 Eine Wegbeschreibung verfassen und überarbeiten

Eine Beschreibung dient der Information. Euer Gegenüber muss anhand der Beschreibung in der Lage sein, den Vorgang selbst zu wiederholen.
Aus diesem Grund musst du Schritt für Schritt in der richtigen Reihenfolge; sachlich; genau, vollständig und in knapper Form beschreiben.

Wissen

1 Lisa hat von ihrer Freundin Anne eine Einladung zur Geburtstagsparty bekommen. Darin lag auch eine Kopie mit einem Ausschnitt aus dem Stadtplan, damit die Gäste den Weg besser finden. Lisa wohnt in der Uhlandstraße. Zeichne farbig den kürzesten Weg ein.

2 Lisa darf noch eine Freundin zur Party mitbringen. Am Telefon erklärt sie ihr den Weg zu Annes Wohnung. Die Freundin wohnt in der Simonstraße. Schreibe auf, was Lisa ihrer Freundin sagt.

____

____

____

____

____

____

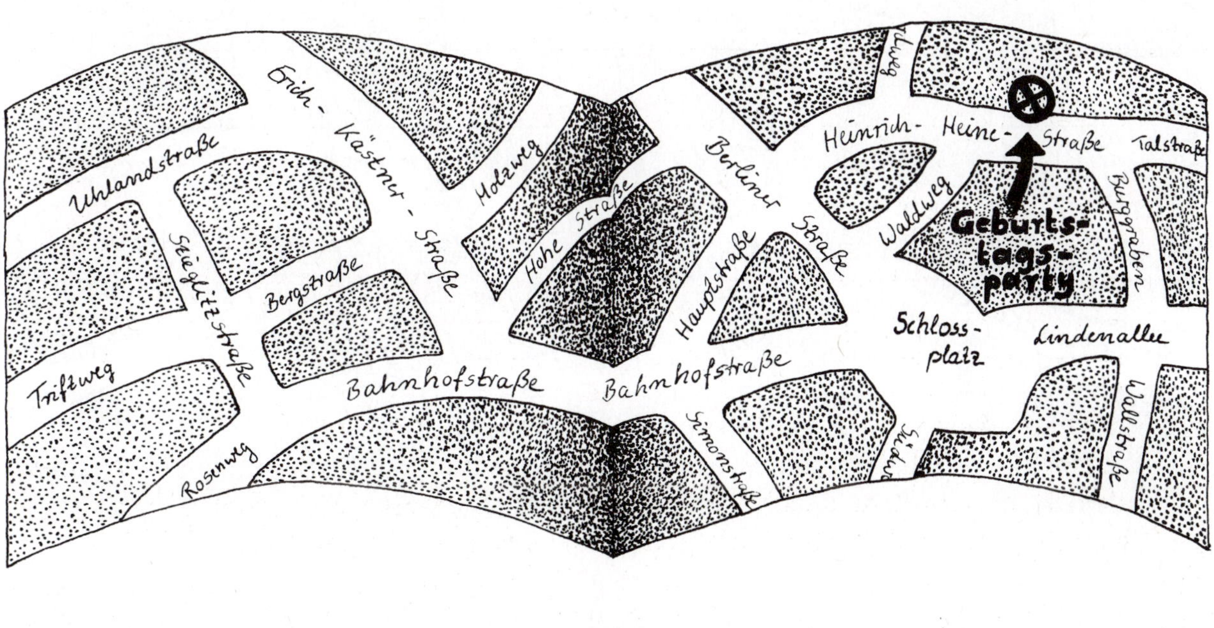

Beschreiben

Wissen Bei einer Wegbeschreibung suchst du dir zunächst einen Startpunkt. Nenne wichtige Straßen und Plätze, auffallende Punkte als Orientierungshilfe, geschätzte Entfernungen und beschreibe die Richtungen.

3 Markus beschreibt den Weg, den er zurücklegen muss, um nach der Schule seinen kleinen Bruder vom Kindergarten abzuholen und mit ihm nach Hause zu gehen. Dabei sind ihm Fehler und Ungenauigkeiten bei den Richtungs- und Entfernungsangaben unterlaufen. Unterstreiche diese Stellen im Text und notiere die richtigen Angaben.

Meine Schule befindet sich in der Heinrich-Heine-Straße. Von dieser biege ich nach rechts in die Bergstraße und dann nach rechts in die nächste Querstraße, die Müllergasse. Von dieser gelange ich in die Frankfurter Straße, welche in die Bahnhofsstraße mündet. Dort ist nach ca. 2 Kilometern der Kindergarten.
Um nach Hause zu gelangen, biege ich von der Bahnhofsstraße nach rechts in die Frankfurter Straße, überquere die Heinrich-Heine-Straße und gehe dann durch die Sonnenblumenstraße. Direkt vor der Biegung befindet sich unsere Wohnung.

4 Markus möchte ein Buch in der Bücherei abgeben und einen Urlaubskatalog aus dem Reisebüro holen. Beschreibe in deinem Heft den Weg, den Markus von zu Hause aus gehen muss. Achte besonders auf auffällige Gebäude als Orientierungshilfe.

Wissen

Verwende bei einer Wegbeschreibung Richtungsangaben.
Beschreibe Dinge, die besonders auffällig sind, und bauliche Besonderheiten möglichst genau mit treffenden Adjektiven.

5 Suche aus dem Buchstabenfeld alle versteckten Richtungsangaben heraus und markiere sie farbig.

D Ü B E R H I E B V E R I Z W I S C H E N F D U R C H I G E R A D E A U S O N G E B E R D E B O L
A M T T R E C H T S A S A G E G E N Ü B E R C H A T Z V U M E T W A S H E R U M I N F E M A T I
A I F L A G E Z U N G X Q U U L L I N K S A R S N E B E N A B Z U R W E N E R U F V I R N G

6 Beschreibe den Weg der Maus durch das Labyrinth zum Käse. Setze in die Lücken passende Richtungsangaben bzw. treffende Adjektive ein.

Hinter dem Eingang muss die Maus nach ____________ und dann lange ____________ laufen. Dann wendet sie sich nach ____________ und läuft wieder nach ____________ zwischen den Pfeilern des ____________ Torbogens hindurch. Gleich dahinter biegt sie nach ____________ ab und gelangt ____________ eine Treppe in ein Rondell. Sie muss ____________ um den ____________ Baum ____________ laufen. Dann läuft sie ____________ einem ____________ Tunnel und nimmt dann den Weg nach ____________ bis zu der ____________ Figur. ____________ der Figur befindet sich ein kleiner Gang nach ____________. Dieser führt noch einmal ____________ und dann nach ____________ zum Käse.

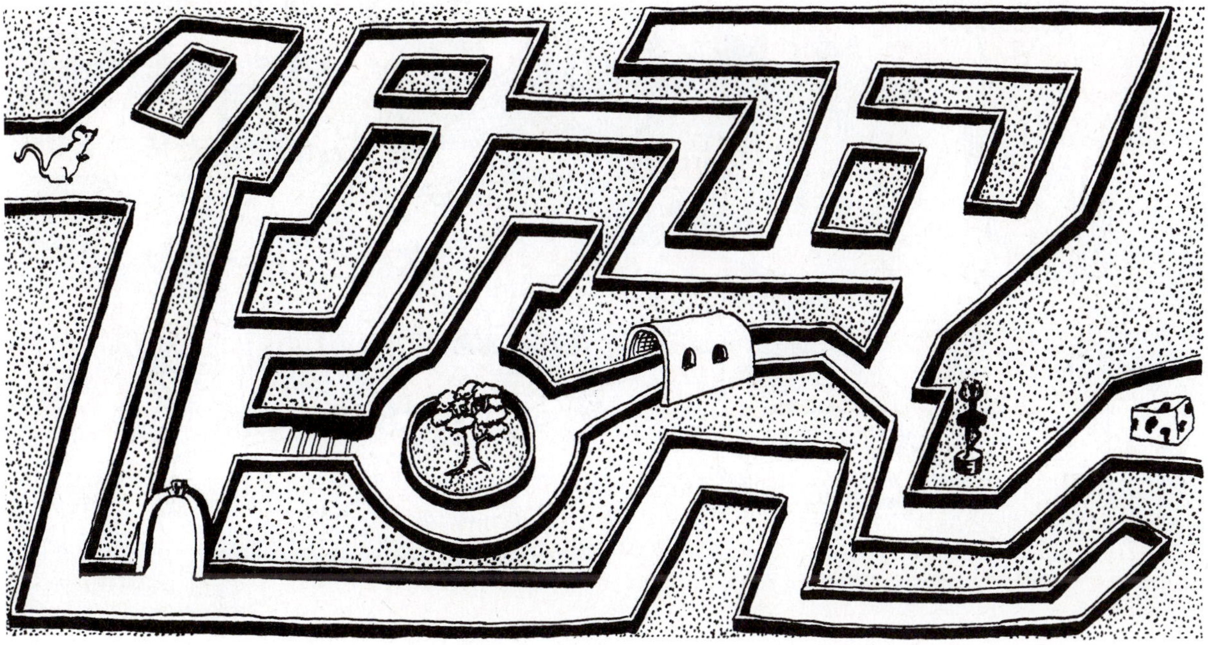

Wissen

Achte besonders auf die richtige Reihenfolge der einzelnen Wegstationen und und streiche Überflüssiges aus dem Text. Fertige eine Wegbeschreibung immer im Präsens an. Achte außerdem auf die Verwendung unterschiedlicher Satzanfänge und Verben.
zuerst, danach, vorhin, jetzt, nun;
sich befinden, stehen, einen Weg einschlagen, führen, einen Weg nehmen, abbiegen

7 Unterstreiche im Text die falsche Zeitform und Überflüssiges mit einer Linie. Einmal hat sich der Verfasser in der Reihenfolge geirrt. Markiere diese Stelle mit einer Wellenlinie. Verbessere die Beschreibung, indem du die gleichen Satzanfänge und Verben sowie die falsche Zeitform veränderst, die Reihenfolge berichtigst und Überflüssiges weglässt. Arbeite in deinem Heft.

Katharina möchte im Vergnügungspark ein Eis essen, mit der Achterbahn fahren und ihr Glück an der Schießbude versuchen. Da ihr Cousin gestern im Park war, fragt sie ihn nach dem Weg. Er beschreibt:

Du gehst hinter dem Eingang und der Kasse nach rechts. Du gehst dann geradeaus, am Spiegelhaus, der Geisterbahn und am Autoscooter vorbei bis zum Eisstand. Gegenüber ist ein Karussell. Du gehst dann nach links in Richtung Spielplatz. Du gehst dann an der Einmündung nach links und an der nächsten nach rechts. Du bist dann zur Achterbahn gekommen. Ich bin nicht mitgefahren, weil mir da immer schlecht wird. Dafür war ich im Spiegelhaus und auf dem Aussichtsturm. Du gehst von der Achterbahn weiter geradeaus, am Waffelstand vorbei, die Waffeln sind übrigens sehr lecker, und dann nach links. Du gehst bis zur Schießbude.

Wortarten

1 Das Substantiv

1.1 Merkmale von Substantiven

Wissen

Substantive (Nomen) bezeichnen Lebewesen, Gegenstände oder Nicht-Gegenständliches wie z. B. Gefühle, Vorgänge oder Begriffe. Sie werden immer großgeschrieben. Sie können von einem bestimmten oder unbestimmten Artikel begleitet werden (Artikelprobe).
Oma, Haus, Mut, Bestätigung, Tapferkeit, Verhältnis

1 Unterstreiche im Text alle Satzanfänge, die großgeschrieben werden. Suche aus dem Text alle Substantive mit und ohne Artikel heraus und trage sie in richtiger Groß- und Kleinschreibung entsprechend in die Tabelle ein.

Jason und die Argonauten

eine griechische sage berichtet von jason, der über ein großes meer in ein fremdes königreich segelte. er wollte das goldene vlies, ein goldenes widderfell holen, um so von seinem onkel den geraubten königsthron ohne einen blutigen kampf zurückzubekommen. damals gab es nur sehr kleine boote, deshalb bat jason einen riesen, ihm ein goßes schiff zu bauen. jenes nannte man argo und die begleiter die argonauten. schwierige aufgaben mussten gelöst werden, beispielsweise ein feld mit feuerschnaubenden stieren pflügen und einen niemals schlafenden drachen besiegen. ohne die hilfe der zauberkräftigen königstochter medea wäre das nicht zu schaffen gewesen. Nach der glücklichen heimkehr opferte der neue könig sein schiff dem meeresgott neptun.

Substantive mit		Substantive ohne Artikel
bestimmtem Artikel	unbestimmtem Artikel	
die Argonauten	*eine Sage*	*Jason*

2 Prüfe mithilfe der Artikelprobe, bei welchen Wörtern es sich um Substantive handelt. Setze den richtigen Anfangsbuchstaben ein und ergänze bei den Substantiven einen Artikel.

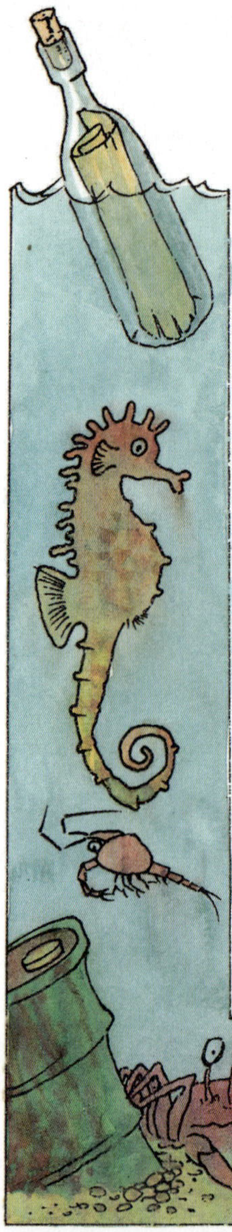

_____ ☐ unkelheit (d/D)
_____ ☐ esund (g/G)
_____ ☐ aul (f/F)
_____ ☐ renzlosigkeit (g/G)
_____ ☐ icher (s/S)
_____ ☐ ässrig (w/W)
_____ ☐ eestern (s/S)
_____ ☐ issenschaft (w/W)
_____ ☐ rtenreich (a/A)
_____ ☐ eheim (g/G)
_____ ☐ igen (e/E)
_____ ☐ rrtümer (i/I)
_____ ☐ aucherbrillen (t/T)
_____ ☐ ustig (l/L)
_____ ☐ asserverschmutzung (w/W)
_____ ☐ insternis (f/F)
_____ ☐ asserpflanze (w/W)
_____ ☐ eeresforschung (m/M)
_____ ☐ ellenbrecher (w/W)

3 Probiere, ob aus den kleingeschriebenen Wörtern durch das Anhängen der Suffixe -heit, -keit, -schaft, -tum, -ung oder -nis Substantive werden.

artenreich – Artenreichtum; ____________________

____

____

____

____

1.2 Genus und Numerus

Wissen

Jedes Substantiv hat ein Genus (grammatikalisches Geschlecht). Der Artikel zeigt an, welches Genus (die: Femininum, das: Neutrum, der: Maskulinum) ein Substantiv hat.
Substantive haben einen Numerus (Anzahl), d. h. sie stehen entweder im Singular (Einzahl) oder im Plural (Mehrzahl).
die Oma (f.), das Haus (n.), der Mut (m.)
das Haus (Sing.)/die Häuser (Pl.)

1 Bestimme das jeweilige Genus. Ergänze dazu den richtigen Artikel. Mithilfe der Angaben in den Klammern findest du das Lösungswort (m = maskulin, n = neutral, f = feminin).

______ Seeotter	f (2 = E), m (2 = O), n (2 = R)
______ Fischermädchen	f (5 = U), n (5 = I), m (5 = P)
______ Schiffsjunge	m (4 = E), n (4 = T), f (4 = W)
______ Stern	n (8 = R), f (8 = A), m (8 = N)
______ Pinguin	n (6 = T), f (6 = N), m (6 = D)
______ Koralle	m (1 = N), f (1 = P), n (1 = W)
______ Bullauge	f (3 = S), m (3 = P), n (3 = S)
______ Laderaum	m (7 = O), f (7 = E), n (7 = L)

1	2	3	4	5	6	7	8

Lösungswort

2 Zu den folgenden Substantiven passen zwei Artikel. Trage sie ein und ergänze das Genus und die Pluralformen. Wenn du unsicher bist, schlage im Wörterbuch nach. (Achtung: Es gibt Substantive, die keine Pluralform besitzen.)

Genus	Artikel / Plural	Substantiv	Artikel / Plural	Genus
f	*die* / *die Steuern*	**Steuer**	*das* / *die Steuer*	*n*
___	___ / ___	**See**	___ / ___	___
___	___ / ___	**Leiter**	___ / ___	___
___	___ / ___	**Tau**	___ / ___	___
___	___ / ___	**Kiefer**	___ / ___	___
___	___ / ___	**Mast**	___ / ___	___

3 Entscheide, welche der Substantive es nur im Singular (4) oder nur im Plural (4) gibt. Verwende ein Wörterbuch und fülle die Tabelle aus.

Fisch · Strand · ~~Geschwister~~ · Eltern · Neid · Segel · ~~Treue~~ · Musik · Ferien · Leute · Obst

Substantive, die es nur im Singular gibt	Substantive, die es nur im Plural gibt
die Treue	*die Geschwister*

4 Suche die richtigen Pluralformen und markiere sie. Wenn du die dahinter stehenden Zahlen verbindest, entsteht auf Seite 37 ein Bild.

Nixes	66	9	5
Nixen	66	9	7
Nixeln	78	66	9

Korallenriffe	60	55	101
Korallenriffel	55	58	59
Korallenriffen	55	57	54

Schaumkronen	13	16	18
Schaumkrönen	13	38	18
Schaumkroneln	13	38	39

Angelrutes	46	45	43
Angelruten	46	48	50
Angelrüter	46	48	45

Eisberge	28	31	35
Eisbergen	28	29	23
Eisbergs	28	29	30

Walgesänger	50	44	43
Walgesängs	50	52	57
Walgesänge	50	51	53

Wellenkämmen	35	40	42
Wellenkammel	35	36	41
Wellenkämme	35	37	38

Forschungsprojekter	76	89	88
Forschungsprojekte	76	77	87
Forschungsprojektes	76	77	79

Tiefseegrabeln	18	10	16
Tiefseegräben	18	22	24
Tiefseegräbe	18	10	14

Seeigeln	60	64	67
Seeigeler	60	63	69
Seeigel	60	68	71

Fischschwarmen	7	5	13
Fischschwärme	7	12	13
Fischschwärmels	7	12	16

Herzmuscheln	71	74	76
Herzmuschels	71	72	73
Herzmuscheler	71	74	75

Meeressäugern	24	21	20
Meeressäugers	24	25	23
Meeressäuger	24	25	28

Taucheranzügel	86	82	91
Taucheranzügen	86	81	83
Taucheranzüge	86	79	3

Haifischgebisse	38	39	46
Haifischgebissen	38	41	40
Haifischgebissel	38	39	45

Packeiser	3	84	99
Packeis	3	1	6
Packeise	3	80	83

Tangwalden	65	53	57
Tangwälder	65	53	101
Tangwälders	65	53	58

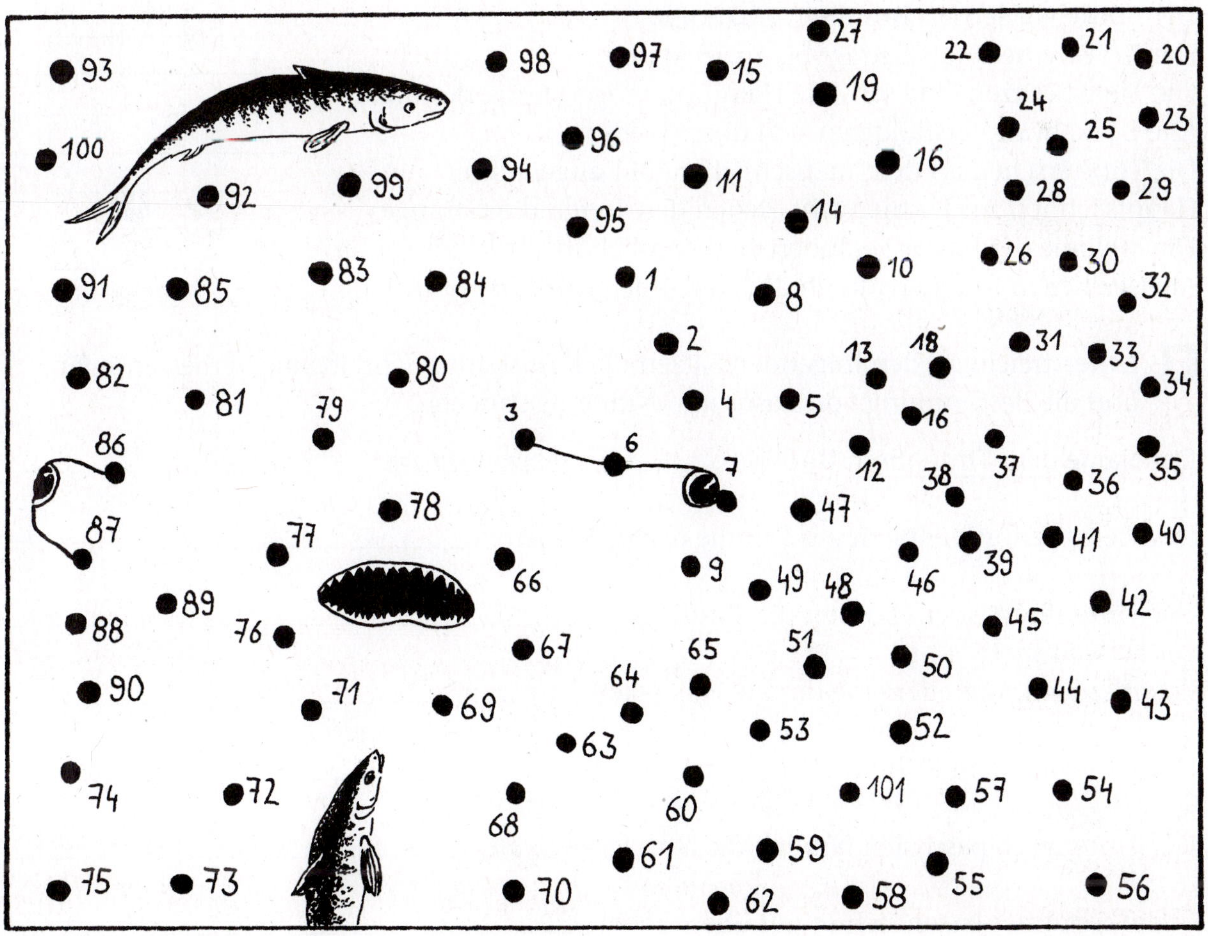

1.3 Kasus

Wissen

Substantive können dekliniert (gebeugt) werden. Sie stehen im Satz in einem Kasus (Fall). Den Kasus kannst du durch Fragen bestimmen: Nominativ (1. Fall): „Wer …?“ oder „Was …?“; Genitiv (2. Fall): „Wessen …?“; Dativ (3. Fall): „Wem …?“; Akkusativ (4. Fall): „Wen …?“ oder „Was …?“.

1 Vervollständige die Seesterne mit den richtigen Deklinationsformen.

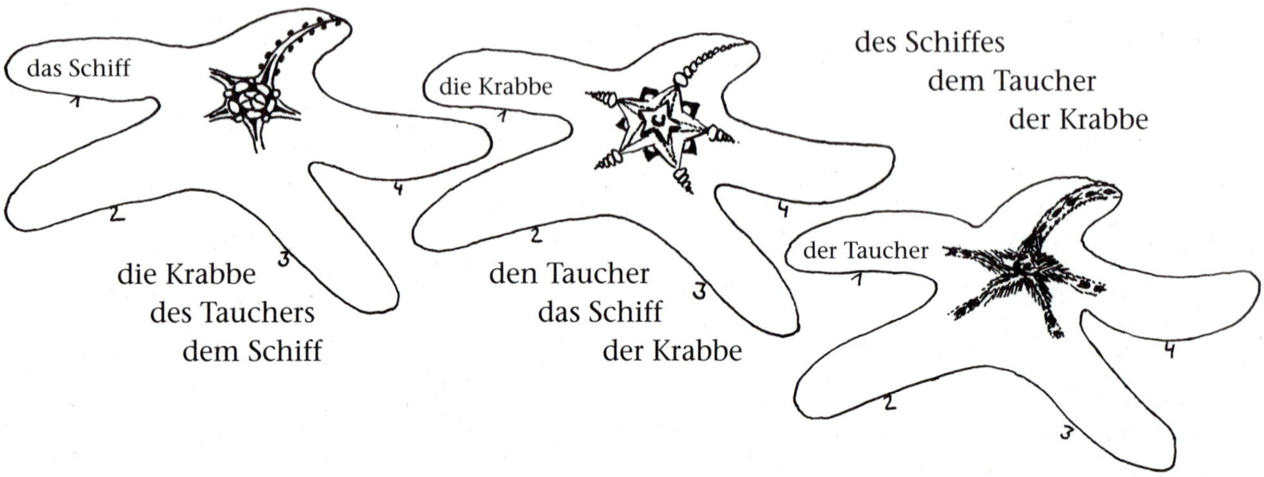

2 Bestimme die unterstrichenen Wörter in der Tabelle.

Der Buckelwal lebt in Familienverbänden.
Die Größe eines Wals beträgt bis zu 18 Metern.
Die Tiere besitzen eine sensible Haut und mögen Körperkontakt.
Alle Buckelwale verständigen sich über „Lieder“.
Die Töne erscheinen dem menschlichen Ohr angenehm.
Hauptsächlich zur Partnerwahl dienen den Tieren die Gesänge.
Die Melodie der Lieder verändert sich nämlich in der Paarungszeit.
Aber vielleicht finden dadurch die Walkinder auch ihre Mütter.

Singular				Plural			
1	2	3	4	1	2	3	4
✗							

3 Unterstreiche in den folgenden Sätzen die Kasusfehler. Schreibe die Verbesserungen und die Bestimmung von Kasus und Numerus daneben.

Der Name dem Tintenfisch ist falsch. *des Tintenfisches = Genitiv Singular*

Des Tieres gehört vielmehr zur Familie der Weichtiere. ______

Der Tintenfisch ist ein Meister die Tarnungen. ______

Er spritzt den Angreifer eine dunkle Flüssigkeit entgegen. ______

Diese verwirrt dem Feind der Sinne. ______

Der Tintenfisch passt sich farblich die Untergründe an. ______

Vieler Gefahren lassen sich so gut überstehen. ______

2 Das Adjektiv

Wissen

Adjektive (Eigenschaftswörter) bezeichnen, wie etwas ist oder welche Merkmale ein Lebewesen oder eine Sache hat. Adjektive können dekliniert (gebeugt) werden. Stehen sie im Satz direkt vor einem Substantiv und bestimmen dieses genauer, dann richten sich ihre Deklinationsformen nach dem Genus, Numerus und Kasus des Substantivs.
die liebe Oma, ein altes Haus
Ich fahre mit der lieben Oma in den Urlaub.
Das alte Haus steht am See.

1 Rahme alle Adjektive im Text ein und kennzeichne typische Suffixe farbig.

2 Setze in die Lücken passende Adjektive ein.

3 Bestimme den Kasus der unterstrichenen Wortgruppen. Vervollständige anschließend die Tabelle auf Seite 40.

nach James Krüss: Der Aal und der Anker

Ein junger Aal sah einstmals auf dem ________________ Meeresboden einen etwas rostigen Anker liegen, den man von einem ______________ Dampfer dort hinabgelassen hatte. Der Aal, der nie einen Anker gesehen hatte, hielt ihn für einen komischen Fisch mit zweizackigem Schwanz. So sagte er höflich zu ihm: „Recht angenehmes Meerwasser. Wie geht es Ihnen? Ich heiße Aal. Mir geht es gut." Der eiserne Anker schwieg auf diese freundliche Anrede, nur die schreckhaften Augen einer winzigen Krabbe lugten hinter einer Zacke hervor. So sagte denn der Aal noch einmal kräftig: „Recht angenehmes Meerwasser." Aber er bekam nicht die kleinste Antwort. Da grüßte der Aal zum drittenmal, nun jedoch mit ungeduldiger Stimme. Doch auch jetzt blieb alles ______________. Gerade wollte der Aal dem schweigsamen Anker auseinandersetzen, wie ______________ es ist, auf eine ______________ Begrüßung nichts zu sagen,

als plötzlich ein lautes Rasseln zu vernehmen war. Gleich darauf stieg der Anker senkrecht in die Höhe. Er wurde wieder vom Dampfer aufgezogen. „Aha, der Fisch heißt Senkrechtstarter. Und gut geht es ihm sicher nicht, weil es in seinem Bauch so sonderbar rasselt. Wahrscheinlich braucht er ____________ Sauerstoff, der Arme. Möge er bald gesund werden.“ Dann schwamm der ____________ Aal davon. Der Anker aber wurde weiter aufgezogen und blieb kalt und gefühllos unter seinem Rost. Denn was die Fische einem Anker sagen, bedeutet für den Anker nichts.

Nominativ	Genitiv	Dativ	Akkusativ
ein junger Aal	*eines jungen Aals*	*einem jungen Aal*	*einen jungen Aal*

4 Zu welchen Adjektiven aus dem Text gibt es Adjektive, die das Gegenteil bedeuten? Notiere die Paare.

jung ⟷ alt

5 Beschreibe, wie du dir den Dampfer vorstellst. Verwende dabei viele Adjektive.

3 Das Pronomen

Wissen

Pronomen (Fürwörter) können stellvertretend für ein Substantiv verwendet werden oder Substantive begleiten. Sie werden dann wie das Substantiv dekliniert.
Man unterscheidet Personalpronomen (persönliche Fürwörter) und Possessivpronomen (besitzanzeigende Fürwörter).
Personalpronomen: ich, du, er, ihr, sie; Possessivpronomen: mein, deine, seiner

1 Unterstreiche in der Einladung alle Personalpronomen farbig.

Liebe Freunde,

ganz herzlich möchte ich euch zu meinem Geburtstag einladen. Hoffentlich könnt ihr am Sonntag 15 Uhr bei mir sein. Mein Vati stellt uns zum Feiern seinen Bootsschuppen zur Verfügung. Meine große Schwester und ihre Freundin schenken mir die Verpflegung. Da sie aber noch nichts verraten haben, müssen wir uns wohl überraschen lassen. Von euch wünsche ich mir eure Unterstützung beim Ausschmücken und natürlich gute Laune, damit unser Fest ein Erfolg wird. Ich freue mich auf euch. eure Kati

2 Suche aus der Einladung alle Possessivpronomen heraus und schreibe sie zusammen mit den Wörtern, auf die sie sich beziehen, heraus.

3 Im folgenden Text werden zu oft gleiche Substantive verwendet. Ersetze sie durch passende Pronomen und schreibe den Text in dein Heft.

Gestern war Jürgen angeln. Jürgen wollte seine Teleskopangel, die Jürgen zum Geburtstag geschenkt bekommen hatte, ausprobieren. Jürgen hatte sich die Teleskopangel schon lange gewünscht. Die Angel hatte Jürgen gefallen, seit Jürgen die Angel im Spezialgeschäft gesehen hatte. Aber trotz neuer Angel hatte Jürgen leider kein Glück und Jürgen hat nichts gefangen.

4 Verändere die folgenden Sätze so, dass sie eindeutig werden.

Er schimpft über den Angelhaken. Er hat sich verheddert.

Die junge Frau beobachtet eine Möwe. Sie gleitet durch die Luft.

4 Die Präposition

Wissen

Präpositionen (Verhältniswörter) geben an, in welcher Beziehung Sachverhalte stehen. Sie verändern ihre Form nicht. Präpositionen fordern aber einen bestimmten Kasus für das Substantiv oder das Pronomen, das nach ihnen steht. Manchmal verschmilzt die Präposition mit dem Artikel, z. B. zum = zu dem, beim = bei dem, zur = zu der, am = an dem.
aus, über, an, in, bei, mit, vor; auf dem Haus, durch das Haus

1 Unterstreiche im Text alle Präpositionen. Setze in die Lücken passende Präpositionen ein.

2 Im letzten Satz stimmen die Präpositionen nicht. Verändere diesen Satz und schreibe ihn auf.

____

____

3 Suche aus dem Text fünf verschiedene Präpositionen mit den dazugehörigen Begleitwörtern heraus. Bestimme, welchen Kasus die Präposition erfordert und welches Verhältnis sie angibt. Arbeite in deinem Heft.

Bastelanleitung für ein Fensterbild

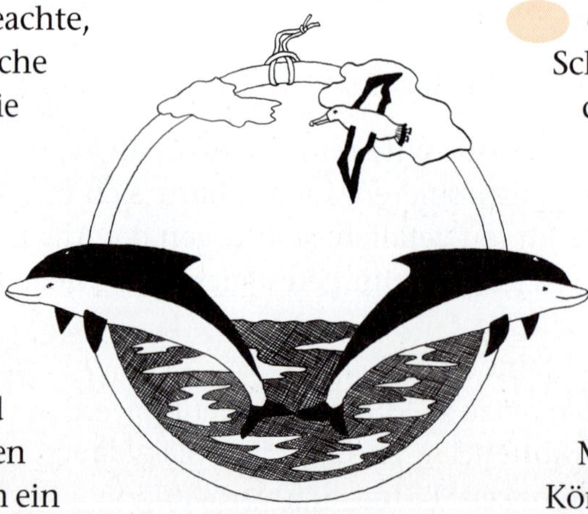

Zeichne zuerst zwei Kreise mit dem Durchmesser von 6 und 5,5 cm auf ein blaues Tonpapier. Schneide dann den Fensterbildrahmen mit einer Schere sauber aus. Pause mittels eines Transparentpapieres die Delfine, die Wolken, die Möwe und die Wasserfläche durch. Beachte, dass du bei der Wasserfläche ____ der äußeren Kreislinie ausgehen musst. Diese Bilder sind deine Schablonen, deshalb musst du sie ausschneiden. Lege die Schablone ____ die Wasserfläche auf ein hellblaues Tonpapier und schneide sie aus. Bei den Öffnungen kannst du auch ein Bastelmesser verwenden. Denke dabei ____ eine feste Schneideunterlage. Wolken, Delfine und Möwe fertige aus weißem Tonpapier. Entferne nun von den Delfinschablonen alle schwarzen Flächen. Diese werden ____ schwarzem oder grauem Papier geschnitten und dann auf die weißen Delfine geklebt. Jetzt befestigst du die Delfine an dem Rahmen. Danach klebst du die Wasserfläche hinter Delfine und Kreisrand. Verknote einen Faden zu einer Schlaufe. Lege die Schlaufe ____ dem verknoteten Ende unter den Rahmen und führe das Knotenende ____ den Ring, aber durch die Schlaufe. Schiebe den Faden dann in die Mitte, sodass die Delfine ____ der Waagerechten hängen. Links neben den Faden klebst du die kleine Wolke. Rechts ____ den Faden klebst du die große Wolke und darunter die Möwe, mit einem Teil des Körpers auf der Wolke. Mit Filzstiften kannst du Flügel und Schwanz der Möwe schwarz, Schnabel und Oberkopf gelb ausmalen. Vergiss Augen und Schnabellinien nicht. Nun kannst du das Fensterbild bis einen Klebestreifen oder Haken im der Fensterscheibe aufhängen und hinter dem Meer träumen.

1 Unterstreiche in dem Gedicht alle Substantive und Personalpronomen.

James Krüss: Medusen[1]

Durchsichtig, gläsern, wie auf Fadenfüßen,
Treiben Medusen langsam durch das Meer.
Wenn sie einander, sehr von ferne, grüßen,
Wehen die Fäden schlenkernd hin und her.

Sie atmen sichtbar, wenn sie leise schweben.
Erst dehnen sich die halben Kugeln aus,
Dann ziehn sie sich zusammen. Alles Leben
Ist Atmen; denn es atmet selbst die Laus.

Lasst die Medusen in den Ozeanen
Steigen und sinken, still und stumm und sacht.
Wenn sie vorüberwehn, blassblaue Fahnen,
Siehst du den Atem, der uns leben macht.

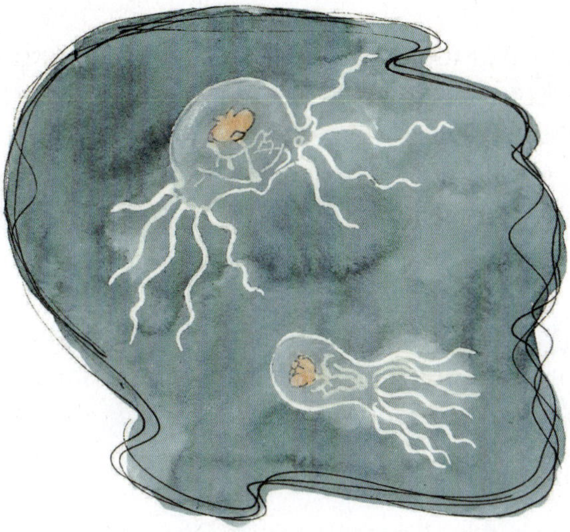

[1] Quallen

2 Bestimme Genus, Kasus und Numerus der unterstrichenen Substantive.

____

____

3 Kreise im Gedicht alle Adjektive ein. Wähle die Adjektive mit einem typischen Suffix aus und bilde mit ihnen je einen Satz in deinem Heft.

4 Suche zu dem Substantiv „Kugeln" das dazugehörige Adjektiv und den Artikel aus dem Gedicht und dekliniere die Wortgruppe.

Nominativ		**Genitiv**	
Dativ		**Akkusativ**	

5 Setze passende Possessivpronomen ein.

Medusen besitzen Fadenfüße. ➜ Sie stehen auf ___________ Fadenfüßen.

Ihre Körperform sieht aus wie eine halbe Kugel. ➜ ___________ halbe Kugel dehnt sich aus.

Sie erinnern an blassblaue Fahnen. ➜ ___________ blassblauen Fahnen wehen vorüber.

6 Suche zwei Präpositionen aus dem Gedicht heraus und bilde mit diesen je zwei Sätze.

____

____

____

5 Das Verb

Wissen

Verben (Tätigkeitswörter) drücken Handlungen und Vorgänge aus. Die Grundform des Verbs heißt Infinitiv. Verwendet man Verben im Satz, werden die infiniten Verbformen konjugiert (gebeugt); es sind dann finite Verbformen (auch: Personalformen).
laufen, sprechen, regnen
laufen/er läuft, ihr lauft; sprechen/du sprichst, er spricht

1 Bilde zu den finiten Verben im Gedicht die entsprechenden Infinitive. Suche dir ein Verb aus und schreibe die Personalformen 2. Person Singular, 1. Person Plural sowie 2. Person Plural auf.

James Krüss: Das Nilpferdkind

Wenn der Nilpferdvater im Wasser platscht
Und die Nilpferdfrau mit der Seekuh klatscht
Und beide schrecklich beschäftigt sind,
Was tut dann – bittschön – das Nilpferdkind?

Beißt es von hinten ein Krokodil?
Fängts an zu wiehern als Pferd vom Nil?
Hat es vielleicht was von Spielzeug gehört,
Und es wünscht sich ein kleines Schaukel-Nilpferd?

Ach, ich weiß nicht,
Wonach sich ein Nilpferdkind sehnt;
Denn es öffnet nur faul
Sein Maul
Und gähnt.

platschen ______________________________

____

____

2 Suche aus dem Buchstabenrätsel alle finiten und infiniten Verbformen heraus. (Pro Zeile sind zwei versteckt.) Markiere die infiniten Verbformen farbig. Schreibe die finiten Verbformen in dein Heft und ergänze das Personalpronomen.

D E C H O G R U M M I L S C H W I M M E N L U N D A N I E S E N A B D E H I L M P Q U R S U V
A B O G R T R Ä U M E F L A T U P S X L T Ä U B P O C H B A D E T E V T I M O S H Y R T O N
X A N T R O S P I N A M A T O P A D D E L T E N L A U S I N N E N A S C H E N Z R O B O A N
D F I V P E A C H J C B K T A E F C K H C M F G I B P T A U C H E N M X G L E I T E S T T
A J L S C H N O R C H E L N W A I B C R A C K L B E F Q A G M S I N K T C H I D N A L O P B
F L O T I N R U F E N G R O I F E S Z S T Ü R M E N J B D F E G H I R K L E M M E T Q U I R T
B I M T A G H M S X Z S C H L I E F E N F G C H E T A O N R M Q U P D S O N N E N K L A J

5.1 Imperativformen

Wissen

Wenn du jemanden direkt auffordern willst, kannst du dazu die Imperativform (Befehlsform) verwenden.
Der Imperativ Singular wird durch den Stamm des Verbs gebildet. Manchmal wird an den Stamm des Verbs zusätzlich ein -e angehängt. Es gibt auch Verben, bei denen sich der Stammvokal ändert. Der Imperativ Plural wird durch den Stamm des Verbs und die Endung -t gebildet.
reden – red – rede! sprechen – sprech – sprecht!

1 Entscheide, ob es sich jeweils um die Form Imperativ Singular oder Imperativ Plural handelt. Die Buchstaben ergeben entsprechend der Nummerierung ein Lösungswort.

		Imperativ Singular	Imperativ Plural
1	nimm	S	W
2	lest	A	E
3	lauscht	L	E
4	schlaf	L	D

		Imperativ Singular	Imperativ Plural
5	kauft	O	I
6	trink	L	N
7	redet	I	I
8	kommt	A	E

1	2	3	4	5	6	7	8

2 Ergänze die fehlenden Formen.

Infinitiv	Wortstamm	Imperativ Singular	Infinitiv	Wortstamm	Imperativ Plural
geben				such	
sehen				bleib	
sprechen				bring	

3 Formuliere Aufforderungen für das richtige Verhalten am Strand.

Die Verunreinigung der Meere durch Plastikprodukte ist ein weltweites Problem. Alle Arten von Kunststoffbehältern und -verpackungen, jährlich 45 000 Tonnen, werden an Stränden zurückgelassen oder ins Meer geworfen. Jedes Jahr sterben etwa eine Million Seevögel und 100 000 Meeressäugetiere, weil sie sich an Plastikmüll verfangen oder daran ersticken.

5.2 Stammformen

Wissen

Von jedem Verb kann man drei Stammformen bilden: den Infinitiv (Grundform), die Präteritumform in der 3. Person Singular und das Partizip Perfekt (auch: Partizip II).
laufen – lief – gelaufen; reden – redete – geredet; sprechen – sprach – gesprochen

1 Suche aus den Texten die Verben heraus und bilde von ihnen jeweils alle drei Stammformen. Trage bei jedem Verb ein, ob es sich um ein starkes oder ein schwaches Verb handelt.

Weißt du, dass …

… das Meerschweinchen über das Meer nach Europa kam? Die Indianer des Stammes der Inka hielten es früher als Haustier.

… die Wale nicht zu den Fischen gehören? Man ordnet sie in die Familie der Säugetiere ein. Sie bringen ihre Jungen lebendig zur Welt und säugen sie unter Wasser.

… der portugiesische Seefahrer Ferdinand Magellan zum erstenmal die Welt umsegelte? Er fuhr unter spanischer Flagge und fiel 1521 auf den Philippinen im Kampf mit den Eingeborenen.

… in einem Liter Meerwasser durchschnittlich 35 g Salz gelöst sind?

Verbform aus Text	1. Stammform (Infinitiv)	2. Stammform (3. P. Sing. Prät.)	3. Stammform (Partizip Perfekt)	starkes oder schwaches Verb?
kam	*kommen*	*kam*	*gekommen*	*stark*

5.3 Tempusformen

Wissen

Mithilfe der verschiedenen Tempusformen (Zeitstufen) eines Verbs kann man zeitliche Verhältnisse zum Ausdruck bringen.
Das Präsens (Gegenwart) wird aus dem Verbstamm und den Personalendungen gebildet. Es kann ein Geschehen oder eine Handlung in der Gegenwart oder in der Zukunft ausdrücken. Außerdem stehen Aussagen, die immer gelten, im Präsens.
Peter läuft. Ich komme morgen. Er heißt Peter.

1 Unterstreiche in dem Gedicht alle Verbformen, die im Präsens stehen. Schreibe sie mit dem dazugehörigen Personalpronomen heraus und bestimme Person und Numerus.

James Krüss: Seefohlen

Seefohlen sind des Seepferds Kinder.
Solch ein Seefohlen, denkt euch bloß,
Lebt in der Kindheit wie ein Blinder
In einer Tasche finstrem Schoß.

Der Seehengst, der gestrenge Vater,
Schützt jedes Kind auf kluge Art:
Vorm Bauch in einer Tasche hat er
Die Kinder alle aufbewahrt.

So treiben sie wie Astronauten
In einer Kapsel durch das Meer
Und ziehen in dem eingebauten
Bauchladen Vaters hin und her.

Doch eines Tages wird die Lasche
Der Tasche plötzlich offen sein.
Dann schwimmen sie aus Vaters Tasche
Ins Leben und ins Meer hinein.

sie sind – 3. P. Sing.; ______________________________

____

____

2 Suche aus dem Gedicht Beispiele heraus für die zeitlichen Verhältnisse, die man mithilfe des Präsens ausdrücken kann. Notiere Sie. Unterstreiche die Verbform und bestimme sie nach Person, Numerus und Tempus.

gegenwärtiges Geschehen: ______________________________

____

____

____

allgemeingültiges Geschehen: ______________________________

____

Wissen

Die Tempusformen der Vergangenheit sind das Perfekt, das Präteritum und das Plusquamperfekt.
Das Perfekt (1. Vergangenheit) ist eine zusammengesetzte Tempusform. Es wird mit einer Präsensform der Hilfsverben „haben" oder „sein" und der 3. Stammform (Partizip Perfekt) gebildet. Wenn man über Vergangenes spricht, verwendet man meist das Perfekt.
Das Präteritum (2. Vergangenheit) wird bei schwachen Verben durch die Endung -t gebildet (2. Stammform). Bei starken Verben ändert sich im Präteritum der Stammvokal (2. Stammform). Das Präteritum verwendet man vor allem beim schriftlichen Erzählen und Berichten.
Das Plusquamperfekt (3. Vergangenheit) ist eine zusammengesetzte Tempusform. Es wird mit einer Präteritumform der Hilfsverben „haben" oder „sein" und der 3. Stammform (Partizip Perfekt) gebildet. Man verwendet es, wenn man ausdrücken möchte, was vor den erzählten Ereignissen geschehen ist.
Da habe ich gesagt …; Es war einmal …; Nachdem ich das Geräusch gehört hatte, …

3 Unterstreiche in dem Gedicht alle Verbformen im Präteritum rot und im Plusquamperfekt blau. Schreibe dieses Gedicht in deinem Heft in eine kurze Geschichte um.

James Krüss: Der Wassermann und die Krebse

Ein Wassermann mit Namen Schulze
Aß eines Mittags gegen zwei
Mit vollen Backen Heringssulze
Und sprach zu seiner Frau dabei:

„Ich bin ein braver Kerl, Mariechen;
Doch hasse ich voll Leidenschaft
Die Krebse, welche seitwärts kriechen.
Ich find sie einfach ekelhaft!"

Die Wassermännin sagte zierlich:
„Mit vollen Munde spricht man nicht!
Lern von den Krebsen, wie manierlich
Man essen kann, selbst wenn man spricht!"

Sie zeigte auf die Felsenplatte,
Die unterhalb der Mole war,
Und wo sich just versammelt hatte,
Von Krebsen eine kleine Schar.

Die Krebse, Damen sowie Herren,
Rupften dort frische Algen und
Führten die Algen mit den Scheren,
Wie mit Besteck, apart zum Mund.

Die Beine locker seitwärts spreizend,
Wie man es oft bei Krebsen sieht,
Wünschten sie sich besonders reizend
Und höflich guten Appetit.

„So essen Krebse, lieber Schulze!"
Sagte die Wassermännin ernst.
„Ob du mit deiner Heringssulze
Je so manierlich essen kannst?"

Der Wassermann, der grad verdaute
Und Reste klaubte aus dem Bart,
Versetzte, weil er nicht mehr kaute,
Auf seine etwas barsche Art:

„Ich hielt die Krebse für Banausen.
Jetzt sehe ich, dass mancher Mann,
Verdammt, mich soll der Affe lausen,
Noch von den Krebsen lernen kann!"

Lösungen Arbeitsheft Deutschwerk 1 Gymnasium

Arbeitstechniken

1 Ideen für eine Geschichte suchen

1 Abhängig von Schülerbeiträgen. Beispiele: Fahrradunfall, Wald, Hase, kaputt, Fahrrad, Hand; Unwetter, Sturm, See, Boot, übel, Angst

2 Abhängig von Schülerbeiträgen. Beispiele: Brief: Absender, Adresse, Briefmarke, Bild, Umschlag, Schrift, Farbe, Poststempel, Datum, Ort

3 Abhängig von Schülerbeiträgen. Beispiele: Mittag, Hitze, Essen, schlafen, frei, Schule

2 Richtiges Abschreiben

1/2 Abhängig von Schülerbeiträgen.

3 Im Wörterbuch nachschlagen und Rechtschreibprogramme nutzen

1 cdef; stuvw; mnopq; hijkl

2 Brauch, braun; Eibe, Eis; Rätsel, Ratsherr

3 Es geht uns mit den Büchern, wie mit den Menschen. Wir machen zwar viele Bekanntschaften, aber nur wenige erwählen wir zu unseren Freunden, unseren vertrauten Weggefährten.

4 Tuch; Gärtner; tragen; laufen; Plan; helfen

5 Abhängig vom Wörterbuch.

6 Skan dal, der (maskulin), des Skandals, die Skandale; Nu gat, der (maskulin) oder das (neutral), des Nugats, die Nugats; Di a mant, der (maskulin), des Diamanten, die Diamanten

7 das Gestüt, die Gestüte; die Ortschaft, die Ortschaften; der Amateur, die Amateure; das Kilo, die Kilos; der Kapitän, die Kapitäne; der Prospekt, die Prospekte

8 Abhängig vom Wörterbuch.

9 Liebe Marie, nachdem ich wieder aus dem Feriencamp zurück bin, möchte ich mich gleich bei dir melden. Wir wollten uns ja noch in den Sommerferien treffen. Hast du Lust und Zeit am kommenden Wochenende bei mir zu übernachten? Wir könnten mit den Fahrrädern baden fahren und abends etwas Schönes unternehmen, z. B. ins Kino gehen. Überleg es dir und schreib mir bitte bald zurück.

Viele Grüße
Johanna

4 Ein Gedicht auswendig lernen

1/2 Abhängig von Schülerbeiträgen.

Lesetraining

1 Einen Text überfliegen

1 Affe, Ammer, Alk, Aal, Adler, Biber, Bär, Boa, Brillenschlange, Chinalaus, Chinchillamaus, Dachs, Drossel, Dromedar, Dorsch, Eber, Eule, Erdschwein, Esel, Elch, Elefant, Fuchs, Fliege, Flunder, Faultier, Frosch, Floh, Geier, Giraffe, Gemse, Gans, Goldfasan, Gorilla, Affe, Hund, Häher, Hirsch, Hase, Hamster, Hyäne, Igel, Junikäfer, Jaguar, Känguru, Krokodil, Kakadu, Kuh, Kamel, Katze, Lama, Lurch, Leguan, Laubfrosch, Luchs, Löwe

2 Igel, Eichhörnchen

3 6 x Milch, Nudeln, Honig, Erdbeermarmelade, 6 Eier, 2 Päckchen Vanillezucker, 250 g Quark, 1 Stk. Butter, Schnittkäse, Camembert, Brot, Süßigkeiten

2 Einen Text genau und fehlerfrei lesen

1/2 Abhängig von Schülerbeiträgen.

3 Die Freimaurer sind ein beruehmter Geheimbund. Wissen macht Spaß.

4 Abhängig von Schülerbeiträgen.

3 Einen Text gezielt lesen

1 Fassungslos stehen die Männer aus Troja vor dem riesenhaften Holzpferd. Zehn Jahre ist ihre Stadt von einem griechischen Heer belagert worden. Und nun ist der Feind einfach auf seinen Schiffen abgesegelt. Nur dieses gigantische Tier haben die Griechen zurückgelassen vor den Toren der Stadt. Was soll damit geschehen? Lange berät sich der greise König Priamos mit seinen Heerführern, den Weisen und Priestern. Am Ende einigen sie sich, das Pferd in die Stadt zu ziehen. Es wird ein Triumphzug: Die Menschen in den Straßen jubeln und feiern. Das Holzpferd wird zum Zeichen für Trojas Sieg. Ein tödlicher Fehler! Denn im Bauch des Pferdes hockt eine Hand voll griechischer Krieger. Als es Nacht wird, wagen sie sich heraus. Heimlich öffnen sie die Stadttore und geben ihren Leuten Signale – denn die Flotte der Griechen ist nur scheinbar abgesegelt, die Schiffe lauern gleich hinterm Horizont. Jetzt segeln sie lautlos heran. Die Soldaten stürmen durch die offenen Tore in die wehrlose Stadt und richten ein Blutbad an: Kaum ein Trojaner entkommt. Die Griechen legen Feuer. Troja versinkt in einem Flammenmeer.

2 waagerecht: 7 Westtuerkei, 1 Homer, 5 Zweifel, 4 Ewigkeit, 5 Tatsachenbericht; senkrecht: 2 Ilias, 3 Odyssee

3 Einer, der noch immer daran glaubte Troja zu entdecken, war Heinrich Schleiermann, Pfarrerssohn von Magdeburg und Kaufmann von Beruf. Nach etlichen Jahren ist es soweit: Schliemanns Arbeiter finden Vorratsgefäße, Götterbilder und Stadtmauern. Im Jahr darauf entdeckt der Forscher sogar einen riesigen Schatz. Er glaubt, den Schatz des Priamos, des Trojanischen Königs, gefunden zu haben und besiegelt seinen Ruhm als Forscher Trojas. Bis jetzt ist aber umstritten, ob der Schatz wirklich aus Troja kommt.

4 Einen Text zum Vorlesen vorbereiten

1–6 Abhängig von Schülerbeiträgen.

1 Abhängig von Schülerbeiträgen.

Erzählen

1 Eine Erzählung verfassen

1 Abhängig von Schülerbeiträgen. Beispiel: Letzte Nacht ist mir etwas Schreckliches passiert. Ich hatte noch nichts gegessen und merkte nach kurzer Zeit, dass ich einen Riesenhunger hatte. Da fing ich an, überall nach etwas Essbarem zu suchen …

2 blaues Haar

3 Abhängig von Schülerbeiträgen.

4 drehte, sagte, ließ, versuchte, packte, machte, schrien, klingelten, stellte, biss, spuckte, befreite, floh

2 Eine Erzählung inhaltlich überarbeiten

1 Wer brachte ihm Medizin? die Fee; Warum war Pinocchio so schnell putzmunter? weil Holzpuppen ganz schnell gesund werden; Wann ging die Tür auf? in diesem Moment; Wer trug die Totenbahre herein? vier schwarze Hasen; Wo lag Pinocchio? im Bett

2 Unwichtiges: „Es ist doch schlimm … Nur richtig bittere Medizin hilft."

3 Eine Erzählung sprachlich überarbeiten

1 Abhängig von Schülerbeiträgen.

2 Abhängig von Schülerbeiträgen. Beispiele: rote Flecken, blass werden, feuchte Hände, schwitzen oder frösteln …

3 Abhängig von Schülerbeiträgen.

4 sich langsam fortbewegen: gehen, wandern, schlendern, gleiten, schleichen, weichen, humpeln, schlurfen, bummeln, hinken, trotten, trödeln; sich schnell fortbewegen: eilen, laufen, rennen, rasen, sausen, flitzen, wandern, huschen; sich auf besondere Weise fortbewegen: springen, schwingen, schreiten, hüpfen, hopsen, tänzeln, stelzen, taumeln, torkeln, stampfen, trippeln, schwanken, wanken

5 Abhängig von Schülerbeiträgen. Beispiele: schöner, lästige, nervigen, langweiligen, wunderbaren

6 Abhängig von Schülerbeiträgen. Beispiele: im Paradies, ein Jahr Schule, im Schlaraffenland

7–9 Abhängig von Schülerbeiträgen.

Beschreiben

1 Eine Wegbeschreibung verfassen und überarbeiten

1 Abhängig von Schülerbeiträgen.

2 Abhängig von Schülerbeiträgen. Beispiel: Zuerst gehst du geradeaus bis zur Bahnhofstraße und dann rechts bis zum Schlossplatz. Von dort aus gehst du ein kleines Stück die Berliner Straße, bis du rechts in den Waldweg biegst. Dieser führt dich direkt auf die Heinrich-Heine-Straße.

3 Meine Schule befindet sich in der Heinrich-Heine-Straße. Von dieser biege ich nach links in die Bergstraße und dann nach rechts in die nächste Querstraße, die Müllergasse. Von da gelange ich in die Frankfurter Straße, welche links in die Bahnhofstraße mündet. Dort ist nach einigen Metern gegenüber vom Goetheplatz der Kindergarten.
Um nach Hause zu gelangen, biege ich von der Bahnhofstraße nach links in die Frankfurter Straße, überquere die Heinrich-Heine-Straße und gehe dann durch die Sonnenblumenstraße. Direkt vor der Biegung befindet sich unsere Wohnung.

4 Abhängig von Schülerbeiträgen. Beispiel: Von zu Hause aus gehe ich zuerst rechts bis zum Gerichtsweg, dann halte ich mich links und laufe geradeaus am Rathaus vorbei in den Ratsherrenweg. Nach dem Park kommt auf der rechten Seite das Reisebüro. Anschließend überquere ich die Friedrich-Schiller-Straße und gehe eine kurzes Stück die Hugo-Ball-Straße entlang. Direkt vor der Kurve befindet sich auf der rechten Seite die Bücherei.

5 über, zwischen, durch, geradeaus, rechts, gegenüber, um etwas herum, links, neben, ab, zur

6 Hinter dem Eingang muss die Maus nach rechts und dann lange geradeaus laufen. Dann wendet sie sich nach links und läuft wieder nach links zwischen den Pfeilern des großen Torbogens hindurch. Gleich dahinter biegt sie nach rechts ab und gelangt über eine Treppe in ein Rondell. Sie muss rechts um den kleinen Baum herum laufen. Dann läuft sie rechts bis zu einem langen Tunnel und nimmt den Weg nach rechts bis zu der auffälligen Figur. Kurz nach der Figur befindet sich ein kleiner Gang nach links. Dieser führt noch einmal kurz geradeaus und dann nach rechts zum Käse.

7 Abhängig von Schülerbeiträgen. Beispiel: Gleich nach dem Eingang und der Kasse gehst du nach rechts. Auf der linken Seite kommst du als Erstes am Autoscooter und dann am Spiegelhaus vorbei. Gegenüber befindet sich die Geisterbahn. Danach macht der Weg eine Linksbiegung. Direkt neben dem Spiegelhaus ist der Eisstand. Zur Achterbahn läufst du weiter geradeaus auf diesem Weg. An der Einmündung gehst du nach links und an der nächsten nach rechts.
Von der Achterbahn aus läufst du weiter geradeaus, am Waffelstand vorbei und dann nach links. Von dort aus siehst du schon die Schießbude.

Wortarten

1 Substantiv

1.1 Merkmale von Substantiven

1 Substantive mit bestimmtem Artikel: das Vlies, den Königsthron, die Begleiter, die Argonauten, die Hilfe, der Königstochter, der Heimkehr, der König, dem Meeresgott; Substantive mit unbestimmtem Artikel: ein Meer, ein Königreich, ein Widderfell, einen Kampf, einen Riesen, ein Schiff, ein Feld, einen Drachen; Substantive ohne Artikel: Onkel, Boot, Argo, Aufgaben, Stiere, Medea, Schiff, Neptun

2 die Dunkelheit, faul, wässrig, die Wissenschaft, die Irrtümer, die Wasserverschmutzung, die Wasserpflanze, die Meeresforschung, die Grenzenlosigkeit, geheim, lustig,

gesund, sicher, der Seestern, artenreich, eigen, die Taucherbrillen, die Finsternis, der Wellenbrecher

3 faul – Faulheit; wässrig – Wässrigkeit; geheim – Geheimnis; lustig – Lustigkeit; gesund – Gesundheit; sicher – Sicherheit, Sicherung; eigen – Eigenheit, Eigenschaft, Eigentum

1.2 Genus und Numerus

1 Poseidon

2 die Leiter (f), die Leitern, der Leiter (m), die Leiter; die Kiefer (f), die Kiefern, der Kiefer (m), die Kiefer; die See (f), der See (m), die Seen; der Tau (m), das Tau (n), die Taue; die Mast (f), (die Mästung), der Mast (m), die Maste oder die Masten

3 Substantive, die es nur im Singular gibt: der Neid, die Musik, das Obst; Substantive, die es nur im Plural gibt: die Leute, die Eltern, die Ferien

4 Punktbild

1.3 Kasus

1 das Schiff, des Schiffes, dem Schiff, das Schiff; der Taucher, des Tauchers, dem Taucher, den Taucher; die Krabbe, der Krabbe, der Krabbe, die Krabbe

2 2. Fall Singular, 4. Fall Singular, 1. Fall Plural, 3. Fall Singular, 3. Fall Plural, 2. Fall Plural, 4. Fall Plural

3 das Tier = Nominativ Singular, der Tarnungen = Genitiv Plural, dem Angreifer = Dativ Singular, die Sinne = Akkusativ Plural, den Untergründen = Dativ Plural, viele Gefahren = Nominativ Plural

2 Das Adjektiv

1/2 Ein junger Aal sah einstmals auf dem tiefen Meeresboden einen etwas rostigen Anker liegen, den man von einem großen Dampfer dort hinabgelassen hatte. Der Aal, der nie einen Anker gesehen hatte, hielt ihn für einen komischen Fisch mit zweizackigem Schwanz. So sagte er höflich zu ihm: „Recht angenehmes Meerwasser. Wie geht es Ihnen? Ich heiße Aal. Mir geht es gut." Der eiserne Anker schwieg auf diese freundliche Anrede, nur die schreckhaften Augen einer winzigen Krabbe lugten hinter einer Zacke hervor. So sagte denn der Aal noch einmal kräftig: „Recht angenehmes Meerwasser." Aber er bekam nicht die kleinste Antwort. Da grüßte der Aal zum drittenmal, nun jedoch mit ungeduldiger Stimme. Doch auch jetzt blieb alles still. Gerade wollte der Aal dem schweigsamen Anker auseinandersetzen, wie unhöflich es ist, auf eine freundliche Begrüßung nichts zu sagen, als plötzlich ein lautes Rasseln zu vernehmen war. Gleich darauf stieg der Anker senkrecht in die Höhe. Er wurde wieder vom Dampfer aufgezogen. „Aha, der Fisch heißt Senkrechtstarter. Und gut geht es ihm sicher nicht, weil es in seinem Bauch so sonderbar rasselt. Wahrscheinlich braucht er neuen Sauerstoff, der Arme. Möge er bald gesund werden." Dann schwamm der junge Aal davon. Der Anker aber wurde weiter aufgezogen und blieb kalt und gefühllos unter seinem Rost. Denn was die Fische einem Anker sagen, bedeutet für den Anker nichts.

3 ein komischer Fisch, eines komischen Fisches, einem komischen Fisch, einen komischen Fisch; eine winzige Krabbe, einer winzigen Krabbe, einer winzigen Krabbe, eine winzige Krabbe; der schweigsame Anker, des schweigsamen Ankers, dem schweigsamen Anker, den schweigsamen Anker; ein lautes Rasseln, eines lauten Rasselns, einem lauten Rasseln, ein lautes Rasseln

4 komisch ↔ normal, höflich ↔ unhöflich, angenehm ↔ unangenehm, freundlich ↔ unfreundlich, winzig ↔ riesig, kräftig ↔ schwach, klein ↔ groß, ungeduldig ↔ geduldig, gefühllos ↔ gefühlvoll, laut ↔ leise, gut ↔ schlecht, gesund ↔ krank, kalt ↔ warm, kräftig ↔ schwach, schweigsam ↔ redselig, senkrecht ↔ waagerecht

5 Abhängig von Schülerbeiträgen.

3 Das Pronomen

1 Liebe Freunde, ganz herzlich möchte ich euch zu meinem Geburtstag einladen. Hoffentlich könnt ihr am Sonntag 15 Uhr bei mir sein. Mein Vati stellt uns zum Feiern seinen Bootsschuppen zur Verfügung. Meine große Schwester und ihre Freundin schenken mir die Verpflegung. Da sie aber noch nichts verraten haben, müssen wir uns wohl überraschen lassen. Von euch wünsche ich mir eure Unterstützung beim Ausschmücken und natürlich gute Laune, damit unser Fest ein Erfolg wird. Ich freue mich auf euch. eure Kati

2 meinem Geburtstag, mein Vati, seinen Bootsschuppen, meine Schwester, ihre Freundin, eure Unterstützung, unser Fest, eure Kati

3 Gestern war Jürgen angeln. Er wollte seine Teleskopangel, die er zum Geburtstag geschenkt bekommen hatte, ausprobieren. Jürgen hatte sich diese Angel schon lange gewünscht. Sie hatte ihm gefallen, seit er sie im Spezialgeschäft gesehen hatte. Aber trotz neuer Angel hatte Jürgen leider kein Glück und er hat nichts gefangen.

4 Er schimpft über den Angelhaken. Sein Angelhaken hat sich verheddert.
Die junge Frau beobachtet eine Möwe. Die Möwe gleitet durch die Luft.

4 Die Präposition

1 Zeichne zuerst zwei Kreise mit dem Durchmesser von 6 und 5,5 cm auf ein blaues Tonpapier. Schneide dann den Fensterbildrahmen mit einer Schere sauber aus. Pause mittels eines Transparentpapieres die Delfine, die Wolken, die Möwe und die Wasserfläche durch. Beachte, dass du bei der Wasserfläche von der äußeren Kreislinie ausgehen musst. Diese Bilder sind deine Schablonen, deshalb musst du sie ausschneiden. Lege die Schablone für die Wasserfläche auf ein hellblaues Tonpapier und schneide sie aus. Bei den Öffnungen kannst du auch ein Bastelmesser verwenden. Denke dabei an eine feste Schneideunterlage. Wolken, Delfine und Möwe fertige aus weißem Tonpapier. Entferne nun von den Delfinschablonen alle schwarzen Flächen. Diese werden aus schwarzem oder grauem Papier geschnitten und dann auf die weißen Delfine geklebt. Jetzt befestigst du die Delfine an dem Rahmen. Danach klebst du die Wasserfläche hinter Delfine und Kreisrand. Verknote einen Faden zu einer Schlaufe. Lege die Schlaufe mit dem verknoteten Ende unter den Rahmen und führe das Knotenende über den Ring, aber durch die Schlaufe. Schiebe den Faden dann in die Mitte, sodass die Delfine in der Waagerechten hängen. Links neben dem Faden klebst du die kleine Wolke. Rechts neben den Faden klebst du die große Wolke und darunter die Möwe, mit einem Teil des Körpers auf der Wolke. Mit Filzstiften kannst du Flügel und Schwanz der Möwe schwarz, Schnabel und Oberkopf gelb ausmalen. Vergiss Augen und Schnabellinien nicht. Nun kannst du

das Fensterbild bis einen Klebestreifen oder Haken im der Fensterscheibe aufhängen und hinter dem Meer träumen.

2 Nun kannst du das Fensterbild mit einem Klebestreifen oder Haken an der Fensterscheibe aufhängen und von dem Meer träumen.

3 Abhängig von Schülerbeiträgen.

1/3 Durchsichtig, gläsern, wie auf Fadenfüßen,
Treiben Medusen langsam durch das Meer.
Wenn sie einander, sehr von ferne, grüßen,
Wehen die Fäden schlenkernd hin und her.

Sie atmen sichtbar, wenn sie leise schweben.
Erst dehnen sich die halben Kugeln aus,
Dann ziehn sie sich zusammen. Alles Leben
Ist Atmen; denn es atmet selbst die Laus.

Lasst die Medusen in den Ozeanen
Steigen und sinken, still und stumm und sacht.
Wenn sie vorüberwehn, blassblaue Fahnen,
Siehst du den Atem, der uns leben macht.

2 die Fäden: maskulin, Nominativ, Plural; den Ozeanen: maskulin, Dativ, Plural; den Atem: maskulin, Akkusativ, Singular

4 die halben Kugeln, der halben Kugeln, den halben Kugeln, die halben Kugeln

5 Sie stehen auf ihren Fadenfüßen. Ihre halbe Kugel dehnt sich aus. Ihre blassblauen Fahnen wehen vorüber.

6 Abhängig von Schülerbeiträgen.

5 Das Verb

1 klatschen, sind, tun, beißen, anfangen, haben, wünschen, wissen, sehnen, öffnen, gähnen; du gähnst, wir gähnen, ihr gähnt

2 infinite Verbformen: schwimmen, niesen, naschen, tauchen, schnorcheln, rufen, stürmen, sonnen; finite Verbformen: sie schwimmen, sie niesen, ich träume, er badet, sie paddelten, sie naschen, sie tauchen, du gleitest, sie schnorcheln, es sinkt, sie rufen, sie stürmen, sie schliefen, sie sonnen

5.1 Imperativformen

1 Seelilie

2 geben, geb, gib; sehen, seh, sieh; sprechen, sprech, sprich; suchen, such, sucht; bleiben, bleib, bleibt; bringen, bring, bringt

3 Abhängig von Schülerbeiträgen. Beispiele: Werft keinen Müll ins Meer. Lasst keinen Müll am Strand liegen.

5.2 Stammformen

1 hielten, halten, hielt, gehalten, stark; gehören, gehören, gehörte, gehört, schwach; ordnet ein, einordnen, ordnete ein, eingeordnet, schwach; bringen, bringen, brachte, gebracht, stark; säugen, säugen, säugte, gesäugt, schwach; umsegelte, umsegeln, umsegelte, umsegelt, schwach; fuhr, fahren, fuhr, gefahren, stark; fiel, fallen, fiel, gefallen, stark; gelöst, lösen, löste, gelöst, schwach; sind, sind, war, gewesen, unregelmäßig

5.3 Tempusformen

1 ihr denkt – 2. P. Pl.; es lebt – 3. P. Sing.; er schützt – 3. P. Sing.; sie treiben – 3. P. Pl.; sie ziehen – 3. P. Pl.; sie schwimmen – 3. P. Pl.

2 gegenwärtiges Geschehen: So treiben sie wie Astronauten in einer Kapsel durch das Meer. sie treiben – 3. P. Pl. Präsens; allgemeingültiges Geschehen: Seefohlen sind des Seepferds Kinder. sie sind – 3. P. Pl. Präsens

3 Präteritum: aß, sprach, sagte, zeigte, war, rupften, führten, wünschten, sagte, verdaute, klaubte, versetzte, hielt; Plusquamperfekt: hatte versammelt

4 er hat gesprochen, sie hat gesagt, sie hat gezeigt, sie haben gerupft, sie haben geführt, sie haben gewünscht, er hat verdaut, er hat geklaubt, er hat versetzt, ich habe gehalten

5 Abhängig von Schülerbeiträgen.

6 wir haben gestrickt, ich hatte gekocht, ihr habt gebaut, ihr werdet finden, sie hat gemalt, du wirst lauschen, sie hatten gefüttert, du hattest erforscht, ich werde verreisen, ihr hattet gefunden, du hast versucht, sie werden schreiben

7 Ich werde sieben Nummern kleiner sein. Und werde auf dem Seepferd durch die Meere gleiten bis in die Bay von Mexiko hinein.

8 Morgen werde ich mit meiner Freundin zum Neptunfest gehen. Wir werden unsere gebastelten Kostüme tragen. Zu den vielen Spielen wird hoffentlich die Sonne scheinen. Wir werden aufpassen müssen, dass wir von Neptun nicht gefangen werden. Später wird es noch eine Grillparty am Strand geben. Wir werden morgen bestimmt viel Spaß haben.

9 Zahlenbild

1 treten, trat, getreten; hören, hörte, gehört; lesen, las, gelesen

2 sie haben getrunken – 3. P. Pl. Perfekt, du schriebst – 2. P. Sing. Präteritum, wir hatten geholfen – 1. P. Pl. Plusquamperfekt, wir verschwinden – 1. P. Pl. Präsens, sie hat gelacht – 3. P. Sing. Perfekt, ich werde bleiben – 1. P. Sing. Futur, ihr gabt – 2. P. Pl. Präteritum, ihr werdet tanzen – 2. P. Pl. Futur, sie ist gesprungen – 3. P. Sing. Perfekt, sie hatten genascht – 3. P. Pl. Plusquamperfekt, es hatte geblitzt – 3. P. Sing. Plusquamperfekt, er hat gewartet – 3. P. Sing. Perfekt

3 Abhängig von Schülerbeiträgen. Beispiele: trink, trinkt; hilf, helft; tanz, tanzt; warte, wartet

4 Abhängig von Schülerbeiträgen. Beispiele: ich lache, ich lachte, ich habe gelacht, ich hatte gelacht, ich werde lachen; er liest, er las, er hat gelesen, er hatte gelesen, er wird lesen; wir bleiben, wir blieben, wir sind geblieben, wir waren geblieben, wir werden bleiben; sie heben, sie hoben, sie haben gehoben, sie hatten gehoben, sie werden heben

Satzglieder und Satzgliedteile

1 Anna hat sich schon lange auf ihre Urlaubsreise ans Meer gefreut. Schon lange hat sich Anna auf ihre Urlaubsreise ans Meer gefreut. Im neuen Badeanzug hüpft sie voller Vorfreude durch das Zimmer. Sie hüpft voller Vorfreude im neuen Badeanzug durch das Zimmer.

2 Die Menschen kennen viele Wassertiere aus der Natur. Einige seltene Arten zeigt der Zoo. Besonderer Pflege bedürfen nur wenige Tiere. Dem Besucher begegnet hier die Unterwasserwelt.

1 Das Subjekt

1 Wer fand am Strand eine Flaschenpost? Lena fand am Strand eine Flaschenpost. Was stand in dem Brief? In dem Brief stand eine Botschaft. Wer sollte sich etwas wünschen? Der Finder der Flasche sollte sich etwas wünschen. Was würde bald in Erfüllung gehen? Dieser Wunsch würde bald in Erfüllung gehen.

2 Ein Sturm tobte. Der Sand peitschte.

3 Geschichten über seltsame Seeungeheuer kommen im Sagenschatz aller seefahrenden Völker vor. Seeleute berichteten oft, sie hätten menschenähnliche Meeresgeschöpfe, Seeschlangen und Ungeheuer mit vielen Tentakeln gesehen. Aberglaube, Gerüchte und die Furcht vor dem Unbekannten lieferten den Stoff für das Seemannsgarn. Geschichten von Seejungfrauen findet man in Hindulegenden ebenso wie in europäischen Märchen. In vielen sagenhaften Überlieferungen lockten Seejungfrauen mit ihrer Schönheit und ihrem Gesang Seeleute in den Tod. Wahrscheinlich wurden Meeressänger, z. B. Seekühe oder Robben, für weibliche Meereswesen gehalten. Auch wirkliche Begegnungen mit Meerestieren können Anlass zur Sagenbildung gewesen sein. Die Beschreibung eines Meeresdrachen erinnert an einen Riesentintenfisch. Springende Delfine oder Seetangpolster könnten die Geschichten von Seeschlangen erklären.

2 Die Objekte

1 „Die Schatzinsel“

2 Die Strömung entführt den Wasserball (Akkusativobjekt). Es ist der Ball der großen Schwester (Genitivobjekt). Sie gab den Ball dem Kind (Dativobjekt). Die Schwester ist traurig über den Verlust (Akkusativobjekt). Sie klagt ihr Leid den Eltern (Dativobjekt).

3 Klaus Störtebeker

3 Das Adjektivattribut

1 Der alte Fischer (Subjekt) erzählt (Prädikat) seinem kleinen Enkel (Dativobjekt) eine spannende Geschichte (Akkusativobjekt). Das Kind (Subjekt) glaubt (Prädikat) dem lustigen Großvater (Dativobjekt) jedes einzelne Wort (Akkusativobjekt). Die Großmutter (Subjekt) bringt (Prädikat) den beiden (Dativobjekt) eine große Tasse Kakao (Akkusativobjekt).

2 Korallenriffe sind eine einzigartige Welt. Sie bilden sich nur in warmen, flachen Meeren und Ozeanen. Ein Riff besteht aus Milliarden kleiner Kalkbecher. In jedem dieser Becher lebte ein winziger Korallenpolyp. Nach seinem Tod bleibt nur ein hartes Kalkskelett übrig, auf dem sich ein neuer Polyp festsetzt. Die Korallenbauten haben auffällige Formen, die an Zweige, Geweihe, bunte Fächer oder Polster mit gehirnähnlichen Windungen an der Oberfläche erinnern.

3 ein winziger Korallenpolyp (Subjekt), nur ein hartes Kalkskelett (Subjekt), auffällige Formen (Objekt)

1 farbiges Bild

4 Das Prädikat

1 Zahlenbild

2 Ich lausche dem Radioprogramm. Er träumt. Der Politiker lobt den Helfer. Sie schenkt der Freundin eine CD. Die Richter überführen den Spion des Verrats. Die Pfleger bringen dem Kranken die Medizin. Sie erreicht das Ziel. Ich beobachte die Sterne.

3 Viele Kinder sind stolze Besitzer eines Aquariums. Dafür sollten sie Verantwortungsbewusstein zeigen. Die Fische müssen regelmäßig gefüttert werden. Wenn man in den Urlaub fährt, muss man für einen Betreuer sorgen. Außerdem darf ein Aquarium nie in der Sonne stehen. Das Wasser könnte sich sonst überhitzen. Wichtig ist auch ein sicherer Standort, damit es nicht umkippen kann. Wenn dies alles bedacht wird, kann man mit einem Aquarium viel Freude haben.

Satzarten/Zeichen setzen

1 Satzarten und Satzschlusszeichen

1 „Na, was hast du da?“, schrie die Möwe und kam wieder heran. „Das siehst du doch“, schrie Jessi zurück und begann, die Seegrasfäden abzureißen. Beim dritten Löckchen stöhnte der Stein. Jessi hörte es wohl, doch sie meinte, es wäre der Wind, riss weiter Seegraslöckchen ab, da seufzte der Stein. Jessi sprang beiseite und rief: „Warst du das eben, du Stein? Hast du gestöhnt und geseufzt?“ „Das habe ich,“ sagte der Stein, und Jessi darauf: „Wie kannst du das?“ „Ich kann es gerade erst jetzt, es wundert mich selber.“ Die Möwe schrie: „Wirf den Kerl zurück ins Meer!“ „Warum ins Meer?“ „Er ist ein Bösewicht.“ Jessi entgegnete: „Er ist ganz ruhig.“ „Er ist ein böser Bösewicht, verdient die liebe Sonne nicht.“ Jessi fragte den Stein streng: „Bist du ein Bösewicht?“ Aber der Stein blieb stumm. „Wer bist du, dass du leuchten kannst und reden kannst?“ „Ich bin das Herz des Piraten.“

2 Beim dritten Löckchen stöhnte der Stein. Aber der Stein blieb stumm.

3 Reiß die Seegrasfäden ab! Sie wirft den Kerl zurück ins Meer. Bist du das Herz des Piraten?

2 Kommasetzung bei Aufzählungen

1 Abhängig von Schülerbeiträgen.

2 Abhängig von Schülerbeiträgen. Beispiel: An einem Strandtag kann ich mich sonnen, lesen oder schlafen. Ich kann mal richtig faulenzen und Musik hören …

3 Abhängig von Schülerbeiträgen. Beispiel: Ich nehme den Fotoapparat mit, aber nicht den teuren. Ich nehme mal keine Cola mit, sondern lieber eine Wasserflasche …

3 Zeichensetzung bei wörtlicher Rede

1 2 nachgestellt, 4 vorangestellt, 5 nachgestellt, 7 nachgestellt, 9 nachgestellt, 10 vorangestellt, 11 vorangestellt, 12 eingeschoben, 14 nachgestellt

2 Er meint ungeduldig: „Was soll sein?“ „Also den seh ich“, sagt Hannes, „wenn du das meinst.“ Hannes fragt nach: „Wie er was?“ „Hast du eben was gesagt?“, fragt Hannes.

3 Jessy liegt im Bett. Auf ihrem Deckbett leuchtet der Stein, leuchtet still und wärmt ihre Hände. Sie fragt ihn plötzlich: „Hast du als Pirat wohl auch einen Bart gehabt?" „Einen Bart? Gewiss hab ich den gehabt." „Aber wer", da du fragst, „hat außerdem einen Bart gehabt?" „Mein Papa", sagt Jessi.
„Aber erzähl mir mehr von dir. Du wolltest vom großen Thunfisch erzählen. Was hat er dir prophezeit?" „Der große Thunfisch", sagt der Stein, „hat uns das Ende prophezeit und, dass ich nicht werde schlafen können bis zu jenem Tag, an dem du mich findest." „Hat er mich denn gekannt?" „Wer weiß das schon", flüstert der Stein.
Jessi fragt weiter: „Du hast also Schmuggler gelernt? Weiter nichts?" „Wozu? Ich war zwölf", sagt der Stein, „und hatte das beste Leben." „Hast du niemals Angst gehabt", will Jessi wissen. „Niemals." „Auch nicht als die Soldaten kamen?", wundert sich Jessi.
Der Stein schweigt und Jessi will wissen: „Wie ging es weiter?" „Ich flüchtete mich aufs Meer", erzählt der Stein, „denn alle Küsten waren mir versperrt. Gefängnis und Schuldturm waren mir sicher. Schließlich sogar der Galgen." „Der Galgen", ruft Jessi entsetzt, „du warst doch erst zwölf!" „Das war", seufzte der Stein, „nun auch schon egal. So wurde ich Pirat."

4 Satzzeichen in der Satzreihe

1 Abhängig von Schülerbeiträgen. Beispiel: Der Stein kann sich freuen oder er kann traurig sein. Er kann meine Gedanken lesen und er kann gut zuhören.

2 Ich sehe ihn leuchten, aber andere sehen das Leuchten nicht. Ich kann ihn hören, aber andere können ihn nicht hören. Er liebt das Meer und den Wind, jedoch kann er Wärme nicht vertragen. Er ist nicht rund, sondern wie eine Männerfaust geformt.

3/4 Abhängig von Schülerbeiträgen.

5 Satzzeichen im Satzgefüge

1 Weil der Fußweg spiegelglatt war, konnten wir kaum laufen. Nachdem ich lange krank war, musste ich viel Schulstoff nachholen. Sie lief, obwohl die Verletzung noch nicht lange zurücklag, eine neue Bestzeit. Wenn wir uns beeilen, erreichen wir den Schulbus noch. Er träumte, während der Lehrer redete, vor sich hin. Obwohl gestern die Sonne schien, war es nicht besonders warm. Ich hoffe, dass es während unserer Bootsfahrt nicht regnet.

2 Nachdem ich aus dem Urlaub zurück war, habe ich das Buch gelesen. Ich habe erfahren, dass mein bester Freund krank ist. Ich habe, als es zog, das Fenster geschlossen. Ich habe dich angerufen, weil ich dich ins Kino einladen möchte.

3 Jessi ist oft sehr traurig, weil sie ihren Vater nicht kennt. Obwohl sie die Mutter oft nach ihm fragt, hat sie nicht viel über ihn erfahren. Sie spricht, weil sie mit ihren Problemen sehr einsam ist, oft mit dem Stein. Weil der Stein sie gut versteht, kann sie ihm alles sagen.

4 Eines Tages staunt Jessi nicht schlecht, weil vor der Haustür ein weißes Pferd steht. Obwohl sie sich den Kopf zermartert, weiß sie nicht, wer da zu Besuch gekommen ist. Als sie ins Haus kommt, verstummt das Stimmengewirr und die Mama kommt ihr entgegen. Jessi weiß sofort, dass etwas Außergewöhnliches geschehen ist. Als sie ins Wohnzimmer kommen, erstarrt Jessi vor Schreck, denn auf dem Sofa sitzt der Pirat. Genauso hat sich der Stein, wenn sie nach seinem früheren Aussehen fragte, beschrieben. Dass dieser Mann nicht der Pirat, sondern ihr Vater ist, erfährt sie von der Mutter. Eigentlich müsste Jessi sich freuen, weil endlich ihr Traum in Erfüllung gegangen ist. Aber sie empfindet nichts, da der Mann auf dem Sofa ihr fremd ist.

5 Abhängig von Schülerbeiträgen.

1 Aussagesatz: Satz 1, Ausrufesatz: letzter Satz von 13, Ergänzungsfrage: Satz 9; Entscheidungsfrage: Satz 10

2–5
1 Der Sonntag hat begonnen, Jessi ist früh aus dem Bett, in der Küche summt schon das Wasser.
2 Der Stein ist oben, er wollte das so.
3 Er hat nicht gebettelt, dass Jessi ihn mitnehmen soll.
4 Im Schubfach links, wo Jessi ihre Geheimnisse aufbewahrt, liegt er nun.
5 Er ist Nachbar von Briefen, Bildern, Anstecknadeln, einem Perlmuttkamm und dem Rest eines Lippenstiftes.
6 Eine Weile später frühstücken Jessi und die Mutter, und sie reden zuerst über die Oma in Pasewalk.
7 Nachdem Jessi den letzten Bissen Weißbrot gegessen hat, holt sie tief Luft.
8 Sie sagt: „Dass er mein Vater ist, wissen schon alle."
9 Im Gesicht der Mutter verschwindet die Fröhlichkeit, als sie antwortet: „Was soll das schon machen? Ich will gar nicht, dass er wiederkommt. Ich liebe ihn nicht mehr."
10 „Aber hast du ihn mal geliebt?", will Jessi wissen.
11 „Habe ich, das ist wahr, aber auch lange her", sagt die Mutter.
12 Jessi wirft ein: „Jetzt ist er gekommen."
13 „Sein Zirkus", berichtigt die Mutter, „ist gekommen. Da hat er sich besonnen; guckst mal vorbei, zeigst dein schönes weißes Pferd und den neuen Hut. Er selber, von sich aus, wäre kein Stück gekommen. Und darum werde ich auch nicht in seinen Zirkus gehen. Und du gehst auch nicht!"

3 vorangestellter Redebegleitsatz: 8, 9, 12; nachgestellter Redebegleitsatz: 10; eingeschobener Redebegleitsatz: 13

4 1, 2

5 vorangestellter Nebensatz: 8; nachgestellter Nebensatz: 3; eingeschobener Nebensatz: 4

Hilfen beim Rechtschreiben

1 Zerlegen in Sprechsilben

1 Ge-burts-tags-ku-chen, Com-pu-ter-bild-schirm, Lü-gen-ge-schich-ten, Sei-fen-kis-ten-ren-nen, Blu-men-topf-er-de, Brief-kas-ten

2 Wörter verlängern

1 Piep, Sieg, Urlaub, Brot, Bank, Pferd

2 er bog, ich log, es ging; wir trinken, sie blinkten, er hinkte; es tragen, wir proben, sie logen; sie raten, ihr streitet, wir gleiten

3 gelb, rund, bang, plump, schlank, lieb, spät, rot, eng

3 Wörter ableiten

1 Händchen, Hände, handlich; Land, Länder, ländlich; Haus, häuslich, Häuser

2 Mäuse, Nägel, Fähre, Träume, Beute, häufig, Fell, heftig, kräftig, Leute, bellen, heute, sich häuten, Dächer, hell, leugnen

3 Kaiser, Mais, Beine, Zeitung, Pfeife, Hai, Meise, Seife

4 Zehennagel, Kehrmaschine, Lohnzettel, Lehne, Schuhsohlen, einweihen

1 Lid/Lied, Miene/Mine, Ende/Ente, Stil/Stiel

2 Räuberbrautzahn, Schuhbandrand, Weltzeituhr, Reimwortzahl

Groß- und Kleinschreibung

1 Wörter, die großgeschrieben werden

1 Achtung, Planung, Forderung; Heiterkeit, Tapferkeit, Eitelkeit; Berlin, Carolin, Konstantin; Krankheit, Freiheit, Menschheit; Erlebnis, Kenntnis, Wagnis; Rummel, Kind, Holz

2 Dem Glücklichen schlägt keine Stunde. Man soll den Teufel nicht an die Wand malen. Wenn die Katze aus dem Haus ist, tanzen die Mäuse auf dem Tisch. Viele Köche verderben den Brei. Der Apfel fällt nicht weit vom Stamm. Nachts sind alle Katzen grau.

3 Achtung! Meine schwarze Katze Tinka ist gestern entlaufen. Sie hat ein weißes Tätzchen und drei weiße Pfoten. Außerdem trägt sie ein rotes Halsband mit einem kleinen silberfarbenen Glöckchen daran. Tinka ist sehr zutraulich und verschmust. Bitte die Katze bei Familie Arnsel in der Mausstraße 35 abgeben.

2 Wörter, die wie Substantive gebraucht werden

1 Strandkorb

2 Abhängig von Schülerbeiträgen.

3/1 aufziehen, grummeln, hören, das Bellen, das Knattern, tuckern, auffrischen, rauschen, das Wispern, klingen, ein Flüstern, lautes Schniefen, verraten

5 Abhängig von Schülerbeiträgen.

3 Höfliche Anrede

1 Robinson

2 Sie, sie, sie, Ihnen, ihr, Sie, Sie, sie, sie, Ihnen, Ihre

3 Abhängig von Schülerbeiträgen.

1 Zahlenbild

2 meine Gute, zum Weinen, das lange Lernen, die Rote, sein Sammeln

Lange Vokale und ihre Schreibweisen

1 Wörter mit lang gesprochenem i

1 Biber, Sieb, Tiger, Bier, Wiese, Kilo, Rosine, Delfin, Gier, Bibel, Hieb, Spiel, Vieh, nie

2 Gefieder, Knie, Apfelsine, Radieschen, Minute, Dienstag, Sirene, Lineal, wir, Brief

3 Termin, Medizin, alpin, Ruin, Platin, Benzin, Magazin, Kamin, feminin, Pinguin

4 verraten → ich verriet; schlafen → sie schliefen; fliehen → ich fliehe; schreien → wir schrieen; spazieren → ich spazierte; reparieren → du reparierst; verzieren → er verziert; kriechen → ihr kriecht; riechen → sie riechen; geben → du gibst

2 Wörter mit doppelt geschriebenem Vokal

1 Saal, Haar, Paar, Saat; Moos, Boot, Moor, doof; Teer, Heer, Meer, Beet

2 Galeere, leer, Boot, Püree, Portmonee, Moschee, Klee, Zoo, Armee, Waage

3 Himbeergelee, Teebeutel, Speerwerfer, Märchenfee, aalglatt, Porree, Staatsgrenze

3 Wörter mit dem Dehnungszeichen -h-

1 Bühne, Rührung, Gefühl, Kühle; ungefähr, Währung, Fähre, während, zählen

2 Schuhsohle, Bohneneintopf, Stuhllehne, Zahnweh, Bahnfahrt, Gehversuch, Wohltat, Lohnzahlung, Gebührenerhöhung, Stehplatz

3 Ausnahme, Namensschild, Wahn, Wahlurne, Walfang, Fehler, Feld, Fahne, Floh, froh, Frage, Ahnung, Ansage, Klage, kahl, Kohl, Kehle, Kohle, Strom, sehr, mehr, schwer, Sahne, Dame, flehen, Flegel, Höhe, Stahl, Zar, Strahl, Sage, Sehne, Pfahl, Gabe, Uhrwerk, Urwald, Ohr, ordnen, ohne, Drehung, Bart, Gelehrter, Verkehr, lernen, zehn, Lehm, Geschehen, Rabe, bohnern, Bogen, bohren, segeln, Wahrheit, ehren, regen, Mahlzeit, Malblock, fehlen, Feder, nehmen, stehlen, Fuhre, Fuge, Huhn, Kuhle, wohnen, nähen

4 Mohn, Lohn; Kohl, Wohl; Wahn, Bahn; stöhnen, dröhnen

5 kühlen, wühlen, fühlen, führen, rühren, rühmen; wehren, zehren, kehren, lehren, lehnen, sehnen; gähnen, wähnen, wählen, zählen, zähmen, lähmen; ich kühle, ich wehre, ich gähne; du wühlst, du zehrst, du wähnst; sie fühlt, sie kehrt, sie wählt; wir führten, wir lehrten, wir zählten; ihr rührtet, ihr lehntet, ihr zähmtet, sie rühmten, sie sehnten, sie lähmten

1/2 Fehler beim Doppelvokal: Feder, Zar, Sog, Seerose, Allee, Zoo, Schneemann, Speerwerfer; Fehler beim Dehnungszeichen -h-: Dame, Urwald, Wahrheit, Bogen, Strahl, schwer, Lohn; Fehler beim langen i: Miesepeter, Biegung, Biene, ihr, Klima, Gier, Biest, Lokomotive

Konsonantenverdopplung und -häufung

1 Wörter mit kurz gesprochenem Vokal

1 Klemme, Esse, Qualle, Nummer, Grille, Gitter, Donner, Klappe, Wette, Watte, Flamme, Bitte, Stelle, Halle, Bretter, stoppen, trennen, nummerieren, summen, beginnen

2 Winterwetter, Wetterleuchten, Weinkeller, Kellerfenster, Holzbett, Bettbezug, Teelöffel, Löffelstiel, Fußball, Ballspiel, Badteppich, Teppichfranse, Stadtbummel, Bummelbahn, Waschmittel, Mittelpunkt

3 1 = K, 2 = L, 3 = E, 4 = T, 5 = G, 6 = I, 7 = R, 8 = B, 9 = D, 10 = O, 11 = S, 12 = A, 13 = W, 14 = N, 15 = F, 16 = U, 17 = M, 18 = H, 19 = P, 20 = Q; Klette, Gitter, Brett, Dogge, Ebbe, Bitte, Stall, Wanne, Griff, Nummer, Halle, Flamme, Klappe, Wette, Qualle, Ratte, Messer

2 Wörter mit tz und ck

1 einen Kartoffelpuffer brutzeln, einen Lockenwickler einrollen, ein Päckchen bekommen, dreckige Schuhe putzen, eine Fratze schneiden, einen Rucksack packen, frisches Obst einzuckern, aus Trotz etwas ablehnen, einen Schatz finden, jemand mit einem Witz necken, Nagellack kaufen, dem Baby ein Lätzchen umbinden, ein Schnitzel braten

2 Abhängig von Schülerbeiträgen. Beispiele: Schneckenhaus, Schneckentempo, Nacktschnecke; platzieren, Platzwart, Fußballplatz; zudecken, Bettdecke, aufdecken; Satzglied, Fragesatz, Satzstellung

1 Punktbild

Schreibung der s-Laute

1 Wörter mit s-Lauten: s, ss oder ß?

1 leise, naseweise, weise, besann, Kreise, sucht

2 Abhängig von Schülerbeiträgen.

3 Miesepeter, mieser; lesen, Lesefutter; Gläser, Glasboden; dieser; Preise, Preisverleihung; grasen, Grassamen

4 Fleiß, fleißig; er reist, reisen; Eis, eisig; sie lost, Los, losen; der Gruß, grüßen; Kreis, kreisen; er beißt, beißen; Ausweis, ausweisen; heiß, heißer; es fließt, fließen; Beweis, beweisen

5 Sessel, Dussel, Schoß, Verlies, Klöße, Eisen, Reise, Überschuss, Wiesel, Ruß, Fluss, müßig, Reis, Fessel, fließt, Kissen, Spieß, weiß, Faser, Stoß, vermissen, Bluse, bloß, blass, gewiss, Beweis, blass, bisschen, Maß, nass, barfuß, rosa, Iltis, Anis, Gas, Stress, Wesen, kess, Drossel, draußen, Dressur, dreißig, außerdem

6 außer, draußen, draußen, außer, draußen, außen, außer, draußen

7 Besserwisser, Brennnesselpresser, Rosengießer, Nussesser, Wasserfasser, Riesennieser, Maisschmeißer, Hasenschießer wissen, wusste, gewusst, er weiß, ihr wusstet; pressen, presste, gepresst, er presst, ihr presstet; gießen, goss, gegossen, er gießt, ihr gosset; essen, aß, gegessen, er isst, ihr aßet; fassen, fasste, gefasst, er fasst, ihr fasstet; niesen, noss, genossen, er niest, ihr nosset; schmeißen, schmiss, geschmissen, er schmeißt, ihr schmisstet; schießen, schoss, geschossen, er schießt, ihr schosset

8 besser, Messer, Messe, Masse, Kasse, Asse, Assel, Rassel, Rassen, Tasse

2 dass oder das?

1 Wahrscheinlich kann es passieren, <u>dass</u> ich etwas später komme. dass = Konjunktion; Ich erinnere mich daran, <u>dass</u> du mich gewarnt hast. dass = Konjunktion; Ich glaube an das Versprechen, <u>das</u> du mir gegeben hast. das = welches, Relativpronomen; Ich kaufe das Buch, <u>das</u> du mir empfohlen hast. das = welches, Relativpronomen; Er sucht das Bild, <u>das</u> er seiner Freundin schenken wollte. das = welches, Relativpronomen

2 Das Mädchen, <u>das</u> ich sah, das hat mir gefallen. Ich kann nicht glauben, <u>dass</u> du das gemacht hast. Das kann doch nicht sein, <u>dass</u> du <u>das</u> nicht gewusst hast. Dass das <u>das</u> Bild ist, <u>das</u> du gemalt haben willst, <u>das</u> glaube ich dir nicht.

3 Dass die Ferien so schön werden würden, das hätte er nie gedacht. Nun war er glücklich, dass der Urlaub so toll war. Das Rafting war so anstrengend, dass ihn tagelang noch der Muskelkater quälte.

1 Man sollte nie eine Katze im Sack kaufen.
Ich genieße das Essen, das ich selbst gekocht habe. Auf dem großen Fluss werden oft Floßwettfahrten veranstaltet. Um Diebstahl zu vermeiden, sollte man sein Fahrrad anschließen. Die Kassiererin wusste den Preis des Eises nicht genau. Dass er auf seine Freundin warten musste, bereitete ihm Verdruss. Eine Kissenschlacht mit Freunden macht großen Spaß. Misstrauen kann eine Freundschaft zerstören. Dass der alte Mann am liebsten im Sessel saß, wusste jeder. Glaub nur nicht, dass das alles richtig geschrieben ist!

2 Dass das das Kissen ist, das zerrissen ist, wusste ich nicht. Der Fluss fließt so schnell, dass das Blatt eine rasante Reise hat.

Silbentrennung

1 Zahlenbild

2 Rei-he, bas-teln, Rah-men, Ab-fahrt, O-fen-rohr, manch-mal, Zim-mer-e-cke, Stun-den-plan, Ins-tru-ment, Sil-ves-ter-ra-ke-te

3 Ma-cke, Was-ser-hahn, Gäs-te, Ma-sche, Ent-zü-cken, Sa-chen, E-le-fant, Win-des-ei-le

4 Tat-ze, A-bend-brot, rich-tig, Sem-mel, Karp-fen, Blät-ter-teig, Emp-fang, Ras-sel-ban-de, Nasch-kat-ze, Lan-ge-wei-le, krie-chen, klop-fen, Ras-ter, E-ber-e-sche, Ze-cke, I-gel, ra-scheln, rei-ßen

4 Wandle die Präteritumformen aus dem Gedicht in Perfektformen um und schreibe sie auf.

er hat gegessen, ______________________________

____

____

5 Ergänze passende Teilsätze im Plusquamperfekt.

Als der Pirat ______________________________, rief er die anderen.

Nachdem sie ______________________________, bargen sie die Schätze.

Bevor die Piraten nicht alles ______________________________, konnten sie nicht zufrieden sein.

Da die Piraten ______________________________, waren sie bald sehr müde.

Nachdem sie ______________________________, schnarchten sie laut.

Da sie aber ______________________________, träumten sie schlecht.

6 Bilde aus den einzelnen Wörtern zusammengesetzte Tempusformen und schreibe sie auf.

~~haben~~ hattest ihr sie hast lauschen gefüttert du hatten sie
ich ~~wir~~ erforscht du verreisen
~~gestrickt~~ wirst hat versucht werden habt ich
ihr gekocht schreiben gemalt gebaut gefunden
hatte werdet finden ihr du hattet werde sie

wir haben gestrickt, ______________________________

____

____

____

____

____

Wissen

Das Futur (Zukunft) ist eine zusammengesetzte Tempusform. Es wird mit einer Präsensform des Hilfsverbs „werden“ und der 1. Stammform (Infinitiv) gebildet. Das Futur drückt Zukünftiges aus oder wird bei Vermutungen verwendet.
Gleich wird er kommen. Sie wird wohl nicht da sein.

7 Verändere die ersten vier Zeilen des Gedichts, indem du das Futur einsetzt. Ergänze dann weitere Sätze, was du machen würdest, wenn du auf einem Seepferd reiten könntest.

James Krüss: Ich möchte mal auf einem Seepferd reiten

Ich möchte mal auf einem Seepferd reiten.
Ich möchte sieben Nummern kleiner sein.
Und auf dem Seepferd durch die Meere gleiten
Bis in die Bay von Mexiko hinein.

Ich werde mal auf einem Seepferd reiten.

8 Schreibe die folgenden Sätze im Futur auf.

Morgen gehe ich mit meiner Freundin zum Neptunfest.

Wir tragen unsere gebastelten Kostüme.

Zu den vielen Spielen scheint hoffentlich die Sonne.

Wir müssen aufpassen, dass wir von Neptun nicht gefangen werden.

Später gibt es noch eine Grillparty am Strand.

Wir haben morgen bestimmt viel Spaß.

9 Suche jeweils die richtige Form. Die Zahl gibt dir das Feld an, welches du schwarz ausmalen sollst. Hast du alles richtig gelöst, entsteht ein Bild.

Präsens		Präteritum		Perfekt	
ich schlafe	19	er wird schlafen	72	sie hatte geschlafen	58
ich hatte geschlafen	71	er schlief	24	sie hat geschlafen	11
du raschelst	1	ihr habt geraschelt	53	ich habe geraschelt	30
du rascheltest	55	ihr rascheltet	25	ich werde rascheln	52
wir brachten	62	es brachte	43	wir werden bringen	54
wir bringen	16	es hat gebracht	7	wir haben gebracht	45
ihr liebt	33	wir lieben	61	sie haben geliebt	15
ihr werdet lieben	66	wir liebten	40	sie hatten geliebt	48
sie sind geritten	57	du warst geritten	68	ihr seid geritten	29
sie reiten	31	du rittest	42	ihr werdet reiten	17

Plusquamperfekt		Futur	
er schläft	47	sie wird schlafen	4
er hatte geschlafen	10	sie hat geschlafen	63
du hast geraschelt	70	wir werden rascheln	9
du hattest geraschelt	26	wir rascheln	59
sie hatte gebracht	39	es bringt	70
sie brachte	14	es wird bringen	5
ich werde lieben	2	sie werden lieben	34
ich hatte geliebt	8	sie haben geliebt	21
ihr wart geritten	36	er wird reiten	22
ihr werdet reiten	28	er war geritten	41

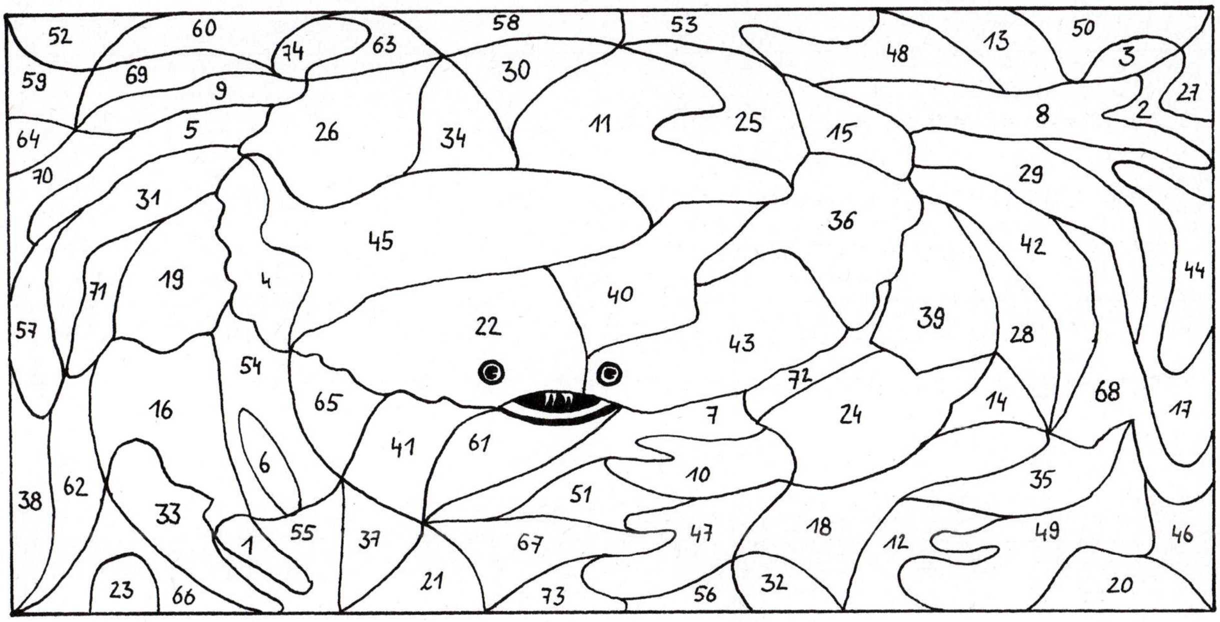

1 Suche den Weg durch das Labyrinth. Markiere alle Stammformen farbig.

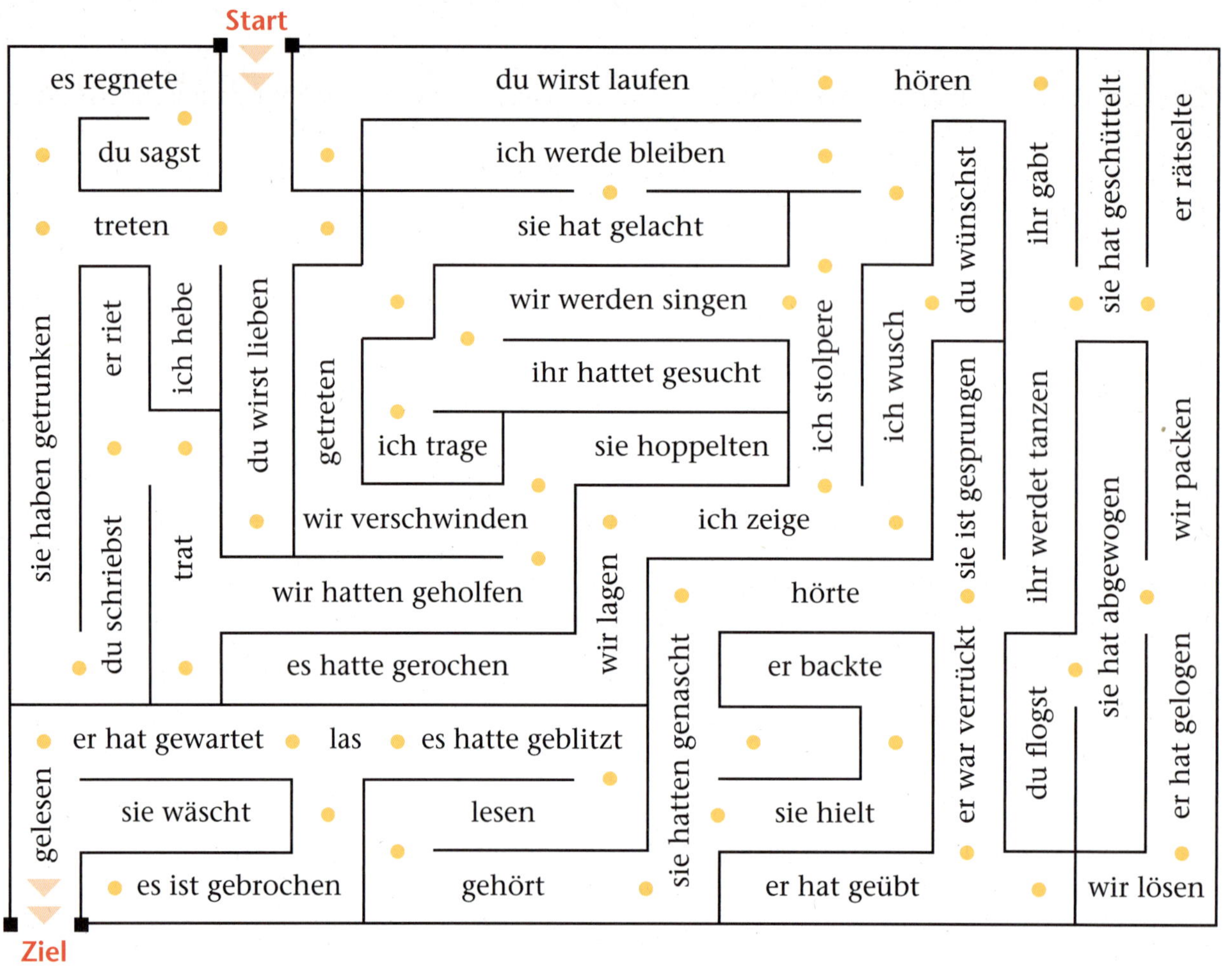

2 Schreibe alle anderen Verbformen auf diesem Weg in dein Heft und bestimme sie nach Person, Numerus und Tempus.

3 Bilde von vier Verben deiner Wahl Imperative im Singular und im Plural.

4 Wähle dir vier Verben aus dem Labyrinth aus und ergänze die Tabelle.

Präsens	Präteritum	Perfekt	Plusquamperfekt	Futur

Satzglieder und Satzgliedteile

Wissen

Sätze kann man in kleinere Teile zerlegen: in die Satzglieder. Satzglieder können aus einem Wort oder aus mehreren Wörtern bestehen.
Um herauszufinden, welche Wörter zu einem Satzglied gehören, führst du die Umstellprobe durch. Bei der Umstellprobe werden die Wörter eines Satzes umgestellt, ohne dass sich dabei der Sinn des Satzes ändert. Alle Wörter oder Wortgruppen, die beim Umstellen immer zusammenbleiben, bilden ein Satzglied. Die Umstellprobe hilft dir auch deinen Satzbau abwechslungsreicher zu gestalten.
Satzglieder: Subjekt, Objekt, Prädikat, Adverbial; Satzgliedteil: Adjektivattribut

1 Entscheide mithilfe der Umstellprobe, aus wie vielen Satzgliedern die Sätze bestehen. Schreibe zu jedem Satz mehrere Möglichkeiten auf und rahme die Satzglieder ein.

Auf ihre Urlaubsreise ans Meer hat sich Anna schon lange gefreut.
Voller Vorfreude hüpft sie im neuen Badeanzug durch das Zimmer.

____

____

____

____

____

____

2 Bilde aus den vorgegebenen Satzgliedern Sätze. Beginne jeweils mit dem angegebenen Satzglied, das am Anfang besonders betont wird.

der Zoo ~~kennen~~ ~~bedürfen~~ hier besonderer Pflege
aus der Natur die Menschen ~~begegnet~~ ~~zeigt~~ die Unterwasserwelt
nur wenige Tiere einige seltene Arten viele Wassertiere dem Besucher

Subjekt	*kennen*
Akkusativobjekt	*zeigt*
Genitivobjekt	*bedürfen*
Dativobjekt	*begegnet*

1 Das Subjekt

Wissen

Das Subjekt erfragst du mit „Wer …?“ oder „Was …?“. Zwischen Subjekt und Prädikat besteht eine besondere Beziehung im Satz. Die Personalform des Verbs richtet sich nach der Person und dem Numerus (Singular oder Plural) des Subjekts.
Mit der Weglassprobe kannst du notwendige und nicht notwendige Satzglieder unterscheiden. Lässt du notwendige Satzglieder weg, wird der Satz grammatisch falsch und ihm fehlt eine Information, die für den Sinn des Satzes unbedingt erforderlich ist.

1 In den Sätzen sind die Subjekte vertauscht. Stelle die Hilfsfrage, suche die inhaltlich richtige Antwort und schreibe sie dahinter.

Eine Botschaft fand am Strand eine Flaschenpost.

_______________________________? → _______________

In dem Brief stand der Finder.

_______________________________? → _______________

Dieser Wunsch der Flasche sollte sich etwas wünschen.

_______________________________? → _______________

Lena würde bald in Erfüllung gehen.

_______________________________? → _______________

2 Lass alle Satzglieder außer dem Prädikat und dem Subjekt weg (Weglassprobe) und schreibe den kurzen Satz auf.

Gestern tobte ein Sturm über der kleinen Insel. _______________

Schrecklich peitschte der Sand auf der Haut wie Nadelstiche. _______________

3 Unterstreiche im Text alle Subjekte farbig und setze die passenden Endungen ein.

Geschichten über seltsame Seeungeheuer kommen im Sagenschatz aller seefahrenden Völker vor. Seeleute berichtet___ oft, sie hätt___ menschenähnliche Meeresgeschöpfe, Seeschlangen und Ungeheuer mit vielen Tentakeln gesehen. Aberglaube, Gerüchte und die Furcht vor dem Unbekannten lieferten den Stoff für das Seemannsgarn.
Geschichten von Seejungfrauen find___ man in Hindulegenden ebenso wie in europäischen Märchen. In vielen sagenhaften Überlieferungen lockten Seejungfrauen mit ihrer Schönheit und ihrem Gesang Seeleute in den Tod. Wahrscheinlich wurd___ Meeressänger, z. B. Seekühe oder Robben, für weibliche Meereswesen gehalten.
Auch wirkliche Begegnungen mit Meerestieren könn___ Anlass zur Sagenbildung gewesen sein. Die Beschreibung eines Meeresdrachen erinnert an einen Riesentintenfisch. Springende Delfine oder Seetangpolster könnten die Geschichten von Seeschlangen erklären.

2 Die Objekte

Wissen

Man unterscheidet verschiedene Objekte: Genitivobjekt, Dativobjekt und Akkusativobjekt. Das Genitivobjekt wird selten gebraucht. Du erfragst es mit „Wessen …?“. Das Dativobjekt erfragst du mit „Wem …?“; das Akkusativobjekt mit „Wen …?“ oder „Was …?“.

1 Suche aus dem Text alle Dativ- und Genitivobjekte heraus und unterstreiche sie mit verschiedenen Farben. Die entsprechenden Zahlen hinter dem jeweiligen Objekt ergeben mithilfe des Zahlenschlüssels den Titel eines Abenteuerbuches.

Thomas 15 passierte 20 gestern 17 etwas Merkwürdiges 20. Seine Mutter 13 hatte 9 aus der Apotheke 5 Medizin 8 geholt 13 und ihm 10 den Auftrag 6 erteilt, diese 6 noch schnell 17 der Oma des Vaters 19 vorbeizubringen 9. Da es 20 schon dämmerte 13, nahm Thomas 6 den Weg über den Strand 2, um schnell 6 zurück zu sein 18. Als er an der dunklen Dünenecke 9 war, wo es 5 angeblich spuken soll, merkte er 20, dass ihm 7 jemand 13 folgte 9. Kurze Zeit darauf 8 begegnete 18 er 17 dem ihm nun plötzlich entgegenkommenden Männchen 11. Und dieses Männchen 2 ähnelte 8 mächtig 18 dem Klabautermann 4. Obwohl seinen Beinen 1 plötzlich 20 die Standfestigkeit 2 fehlte 17, dachte sich 2 Thomas 8: „Diese Angelegenheit 2 bedarf 6 der Aufklärung 3.“ Mutig 4 stellte 8 er 9 sich 17 dem Wesen 12 entgegen 13 und sagte 18: „Es 20 nützt 17 Ihnen 10 nichts, Sie 5 müssen mir 16 sagen, ob Sie 6 der Klabautermann 5 sind.“ „Muss ich das 17?“, antwortete 9 das Männchen 2 Thomas 7. Wie erstarrt 4 harrte der Junge 2 der Dinge 19, die da kommen würden 17. Plötzlich 18 prustete der Klabautermann 8 laut 6 los 20. Es 6 war 2 sein Freund Sven 8, der 18 Thomas 14 einen kleinen Schrecken 9 einjagen wollte 5, weil Thomas 2 immer 13 behauptete 20, dass er 8 keine Angst 17 habe. Beide 9 lachten noch lange 9 über diesen Abend 6.

Zahlenschlüssel:

1	2	3	4	5	6	7	8	9	10	11	12	13	14	15	16	17	18	19	20
A	U	T	H	P	G	S	M	F	I	C	Z	K	L	D	N	W	R	E	O

Lösung:

15		
D		

2 Setze die Wortgruppen im richtigen Fall ein und bestimme die Objekte.

Die Strömung entführt ______________ . → ______________ . (der Wasserball)

Es ist der Ball ______________ . → ______________ . (die große Schwester)

Sie gab den Ball ______________ . → ______________ . (das Kind)

Die Schwester ist traurig über ______________ . → ______________ . (der Verlust)

Sie klagt ihr Leid ______________ . → ______________ . (die Eltern)

3 Enthalten die Sätze ein Akkusativobjekt? Ja oder Nein? Unterstreiche die Akkusativobjekte und markiere mit einem farbigen Stift den Weg. Bei richtiger Lösung ergibt sich der Name eines berühmten deutschen Piraten.

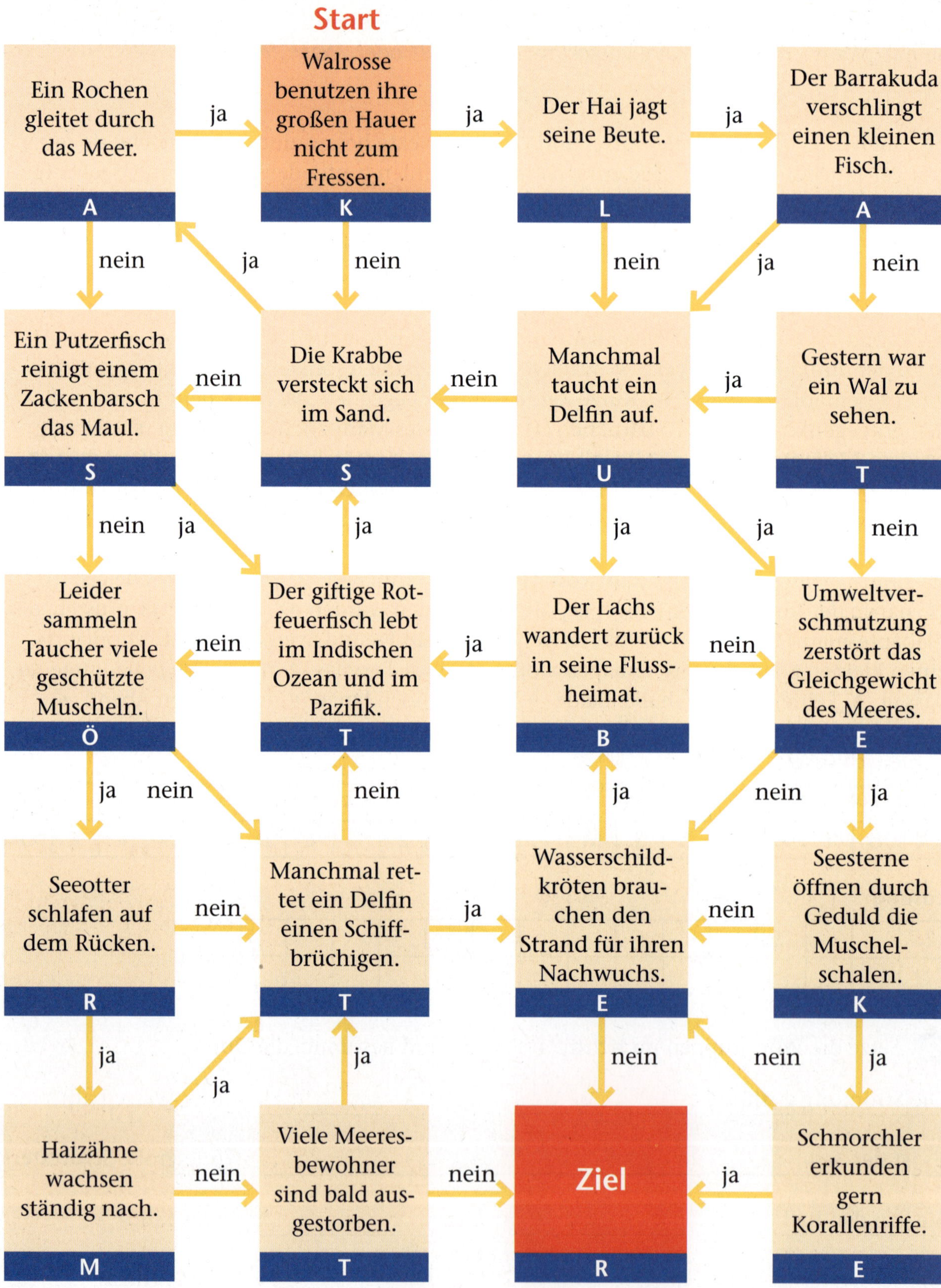

Lösung: K

3 Das Adjektivattribut

Wissen

Bei der Umstellprobe kannst du beobachten, dass oft Adjektive in einem Satzglied vorkommen, die ein Substantiv genauer bestimmen. Man nennt Adjektive in dieser Rolle im Satz Adjektivattribut. Sie sind immer ein Teil eines Satzgliedes.
Das Einfügen von Attributen in Satzglieder bezeichnet man auch als Erweiterungsprobe.

1 Schreibe die Sätze richtig auf. Rahme alle Satzglieder ein, bestimme sie und unterstreiche die Attribute farbig.

Spannende eine erzählt der Geschichte Fischer seinem alte Enkel kleinen.

____

____

Großvater lustigen glaubt dem das einzelne jedes Wort Kind.

____

____

Den bringt die große eine beiden Großmutter Kakao heißen Tasse.

____

____

2 Setze in die Lücken passende Attribute ein.

bunt – winzig – flach – hart – auffällig – einzigartig – warm – klein – neu – gehirnähnlich

Korallenriffe sind eine ______________ Welt. Sie bilden sich nur in ______________, ______________ Meeren und Ozeanen. Ein Riff besteht aus Milliarden ______________ Kalkbecher. In jedem dieser Becher lebte ein ______________ Korallenpolyp. Nach seinem Tod bleibt nur ein ______________ Kalkskelett übrig, auf dem sich ein ______________ Polyp festsetzt. Die Korallenbauten haben ______________ Formen, die an Zweige, Geweihe, ______________ Fächer oder Polster mit ______________ Windungen an der Oberfläche erinnern.

3 Zu welchem Satzglied gehören die eingerahmten Attribute? Schreibe alle Wörter, die das Satzglied bilden, heraus.

______________________________ →

______________________________ →

______________________________ →

1 Entscheide, ob es sich bei den Satzgliedern um ein Subjekt, ein Genitivobjekt, ein Dativobjekt, ein Akkusativobjekt oder ein Satzglied mit Attribut handelt. Male das Bild entsprechend der nachgestellten Nummern und dem Farbschlüssel aus. Beide Seiten müssen sich gleichen.

Farbschlüssel:
Subjekt = rot
Genitivobjekt = grün
Dativobjekt = gelb
Akkusativobjekt = blau
Satzglied mit Attribut = orange

Dem rotbraunen Seepferd-Männchen 1 scheint 2 es 3 nicht gut 4 zu gehen 5. Es 6 trudelt 7 im flachen Küstenwasser 8, drückt 9 den Kopf 10 nach unten 11, schiebt 12 seinen dicken Bauch 13 vor 14 sich 15 her 16. Ruckartig 17 bewegt 18 das blasse Männchen 19 den Ringelschwanz 20 nach vorn 21. Das Männchen 22 schenkt 23 der Welt 24 gerade 25 Nachwuchs 26. Dem Bauch 27 des Vaters 28 entschlüpfen 29 die Seepferdkinder 30. Sie 31 sehen 32 nun 33 das Meer 34 zum erstenmal 35. Biologen 36 kennen 37 32 Arten 38 dieser Meerestiere 39. Diese Tiere 40 leben 41 in einer Gemeinschaft 42 und 43 bleiben 44 dem Partner 45 bis zum Tod 46 treu 47. Seepferdchen 48 sind 49 eigentlich 50 Fische 51. Sie 52 essen 53 kleine Krebse 54. Die Natur 55 schenkt 56 den einzigartigen Seepferdchen 57 oft 58 eine Größe 59, die winzig 60 ist. Nur 61 dem Riesenseepferd 62 glaubt 63 man 64 seinen Namen 65. Seine stattliche Größe 66 spricht 67 für sich 68. Seepferdchen 69 können 70 bei Gefahr 71 die Körperform 72 verändern 73.

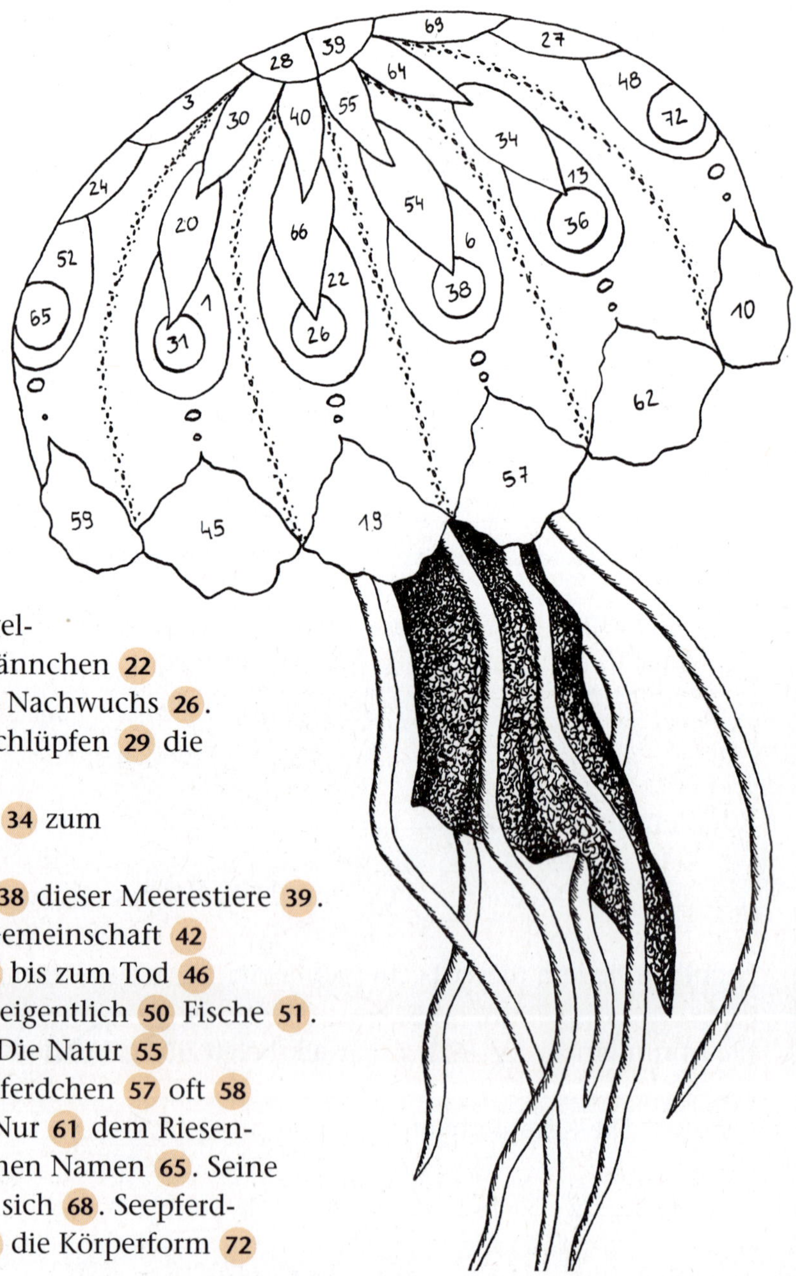

4 Das Prädikat

Wissen

Das Prädikat besteht immer mindestens aus einem Verb in der Personalform. Wenn Prädikate aus mehreren Teilen bestehen, dann können andere Satzglieder zwischen die Teile des Prädikats geschoben werden.
Das Prädikat ist ein besonderer Teil des Satzes. Im Aussagesatz steht es immer an der zweiten Satzgliedstelle. Bei mehrteiligen Prädikaten steht im Aussagesatz die Personalform des Verbs an zweiter Satzgliedstelle.
Ich gehe mit meinem Freund ins Kino.
Ich komme am Sonntag aus dem Urlaub zurück.
Ich werde mit meinem Freund ins Kino gehen.

1 Suche alle Prädikate und Prädikatsteile und markiere sie. Male die entsprechenden Zahlen aus, die ein Bild ergeben.

Seelöwen gehören zur Säugetierordnung der „Flossenfüßer" und sind Ohrenrobben.
1 2 3 4 5 6

Sie ernähren sich von Fischen und Tintenfischen. Bei der Jagd können sie sich auf ihre
7 8 9 10 11 12 13 14

guten Augen verlassen. Obwohl sie die meiste Zeit im Wasser verbringen, kommen sie
15 16 17 18 19 20 21 22

zur Paarung und Geburt ans Land. Während des Schlafens liegen sie im Meer; wobei sie
23 24 25 26 27 28 29

entweder regelmäßig kurz zum Luftholen munter werden, oder an der Oberfläche treiben
30 31 32 33 34 35 36

und die Nase als Schnorchel benutzen. Seelöwen können im Gegensatz zu Robben ihre
37 38 39 40 41 42

Hinterflossen, die beim Schwimmen als Steuer benutzt werden, nach vorn drehen. Das
43 44 45 46 47 48 49 50 51

ermöglicht ihnen die Fortbewegung an Land.
52 53 54 55

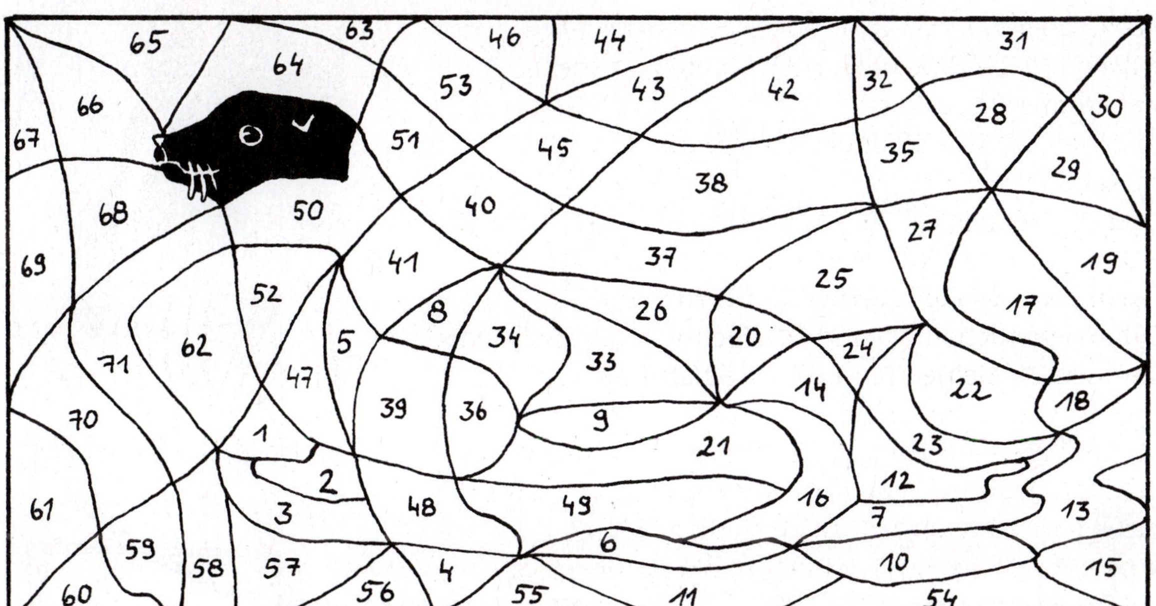

2 Verbinde die Prädikate so mit den Satzgliedern, dass du sinnvolle Sätze bilden kannst. Beachte, dass Prädikate nicht immer ein Satzglied erfordern (—). Arbeite im Heft.

lauschen	der Freundin; eine CD
träumen	die Sterne
loben	den Spion; des Verrats
schenken	dem Kranken; die Medizin
überführen	dem Radioprogramm
bringen	das Ziel
erreichen	–
beobachten	den Helfer

3 Vervollständige die Sätze, indem du passende Prädikate auswählst und einsetzt.

sind | muss sorgen | müssen gefüttert werden | könnte überhitzen | darf stehen | kann haben | ist | sollten zeigen | fährt | bedacht wird | umkippen kann

Viele Kinder ______________ stolze Besitzer eines Aquariums.

Dafür ______________ sie Verantwortungsbewusstein ______________.

Die Fische ______________ regelmäßig ______________.

Wenn man in den Urlaub ______________, ______________ man für einen Betreuer ______________.

Außerdem ______________ ein Aquarium nie in der Sonne ______________.

Das Wasser ______________ sich sonst ______________.

Wichtig ______________ auch ein sicherer Standort, damit es nicht ______________.

Wenn dies alles ______________, ______________ man mit einem Aquarium viel Freude ______________.

Satzarten/Zeichen setzen

1 Satzarten und Satzschlusszeichen

Wissen

Man unterscheidet die Satzarten: Aussagesatz, Fragesatz, Aufforderungssatz und Ausrufesatz. In einem Aussagesatz steht die Personalform des Verbs an zweiter Satzgliedstelle. Am Ende eines Aussagesatzes steht ein Punkt. Am Ende eines Fragesatzes steht ein Fragezeichen. Am Ende eines Aufforderungssatzes und eines Ausrufesatzes steht ein Ausrufezeichen.

1 Suche aus dem Text alle Entscheidungsfragen (~~~~), Ergänzungsfragen (– –) und Aufforderungen (—) heraus und markiere sie entsprechend. Rahme in diesen Sätzen jeweils die finite Verbform ein.

nach Benno Pludra: Das Herz des Piraten (Ausschnitt)

In diesem Buch erzählt B. Pludra von Jessika, genannt Jessi, die mit ihrer Mutter Elise in einem Dorf am Meer wohnt. Ihren Vater kennt Jessi nicht, stellt sich aber oft vor, wie er wohl ist. Darüber redet sie nur mit einem Stein, den sie eines Tages am Strand gefunden hat. Er ist stumpf, dunkelrot, so groß wie eine Männerfaust und scheint zu leuchten.

„Na, was hast du da?", schrie die Möwe und kam wieder heran. „Das siehst du doch", schrie Jessi zurück und begann, die Seegrasfäden abzureißen. Beim dritten Löckchen stöhnte der Stein. Jessi hörte es wohl, doch sie meinte, es wäre der Wind, riss weiter Seegraslöckchen ab, da seufzte der Stein. Jessi sprang beiseite und rief: „Warst du das eben, du Stein? Hast du gestöhnt und geseufzt?" „Das habe ich," sagte der Stein, und Jessi darauf: „Wie kannst du das?" „Ich kann es gerade erst jetzt, es wundert mich selber." Die Möwe schrie: „Wirf den Kerl zurück ins Meer!" „Warum ins Meer?" „Er ist ein Bösewicht." Jessi entgegnete: „Er ist ganz ruhig." „Er ist ein böser Bösewicht, verdient die liebe Sonne nicht." Jessi fragte den Stein streng: „Bist du ein Bösewicht?" Aber der Stein blieb stumm. „Wer bist du, dass du leuchten kannst und reden kannst?" „Ich bin das Herz des Piraten."

2 Schreibe aus dem Text zwei Aussagesätze heraus.

____

____

3 Formuliere den ersten Satz in einen Aufforderungssatz, den zweiten in einen Aussagesatz und den dritten in einen Fragesatz um.

Sie reißt die Seegrasfäden ab. ____________________

Wirf den Kerl zurück ins Meer! ____________________

Ich bin das Herz des Piraten. ____________________

2 Kommasetzung bei Aufzählungen

Wissen

In einer Aufzählung trennt man die einzelnen Wörter und Wortgruppen durch ein Komma. Vor den Wörtern „aber" und „sondern" steht immer ein Komma. Steht zwischen den Wörtern oder Wortgruppen die Konjunktion „und", „oder", „sowie", setzt man kein Komma.

1 Jessi findet in dem Buch „Das Herz des Piraten" einen seltsamen Stein. Schreibe all die ungewöhnlichen Dinge auf, die du schon einmal gefunden hast. Setze die Kommas farbig.

Ich habe schon einmal eine ganz bunte Feder,

2 Jessi ist besonders gern am Strand. Vervollständige den Satzanfang, indem du aufzählst, was du an einem Tag am Strand alles machen würdest. Verwende in der Aufzählung jeweils die Konjunktionen „und", „oder" und „sowie". Arbeite im Heft.

An einem Strandtag kann ich mich sonnen, …

3 Stell dir vor, du findest am Strand eine Flaschenpost mit einer Schatzkarte. Welche wichtigen Gegenstände würdest du auf die Suche mitnehmen? Bilde mit den Konjunktionen „aber" und „sondern" sechs Sätze und achte auf die richtige Kommasetzung.

Taschenlampe	Schaufel	Kompass	Sonnenschutz	Rucksack
Mückenspray	Handy	Fotoapparat	Verpflegung	Wasserflasche

Ich benötige ein leichtes, aber nicht zu kleines Behältnis für den Schatz. Ich nehme keine Tasche, sondern lieber einen Rucksack mit.

3 Zeichensetzung bei wörtlicher Rede

Wissen

Mit Anführungszeichen werden Anfang und Ende der wörtlichen Rede (auch: direkte Rede) markiert. Sätze, welche die wörtliche Rede anzeigen und begleiten, nennt man Redebegleitsätze. Nach der Stellung des Redebegleitsatzes richtet sich die Zeichensetzung.
Redebegleitsatz vor wörtlicher Rede: Am Ende des einleitenden Begleitsatzes steht ein Doppelpunkt.
Redebegleitsatz nach wörtlicher Rede: Der nachgestellte Begleitsatz wird durch ein Komma von der wörtlichen Rede abgetrennt.
Redebegleitsatz zwischen wörtlicher Rede: Der eingeschobene Begleitsatz wird durch Kommas abgetrennt.

1 Unterstreiche in dem Gespräch alles, was zur direkten Rede gehört mit einer Wellenlinie und alle Redebegleitsätze mit einer geraden Linie. Schreibe hinter die Sätze, ob der Redebegleitsatz vorangestellt, eingeschoben oder nachgestellt ist.

nach Benno Pludra: Das Herz des Piraten (Ausschnitt)

Jessi zeigt den Stein ihrem Freund Hannes Hüsing:

1 „Na“, fragt Jessi, „was ist?“ — *eingeschoben*

2 „Nichts“, sagt Hannes. — ______

3 „Was soll sein?“

4 Die Stimme von Jessi wird leise: „Demnach siehst du nichts?“ — ______

5 „Ich seh den Stein“, sagt Hannes Hüsing. — ______

6 „Also den seh ich, wenn du das meinst.“

7 „Wie er leuchtet?“, fragt Jessi schnell. — ______

8 „Wie er was?“

9 „Leuchtet“, sagt Jessi. — ______

10 Und Hannes Hüsing nun: „Leuchtet? Der Stein?“ — ______

11 Jessi hört den Stein sanft fragen:
„Wer ist das, mit dem du sprichst?“ — ______

12 „Hannes“, sagt Jessi, „Hannes Hüsing.“ — ______

13 „Hast du eben was gesagt?“

14 „Ich zu wem was gesagt?“, lächelt Jessi. — ______

2 In den Zeilen 3, 6, 8 und 13 fehlen die Redebegleitsätze. Ergänze diese nach den Vorgaben und setze alle Satzzeichen richtig.

3 (vorangestellt) ______________________________

6 (zwischengestellt) ______________________________

8 (vorangestellt) ______________________________

13 (nachgestellt) ______________________________

3 Ergänze alle fehlenden Satzzeichen farbig. Unterstreiche alles, was zur direkten Rede gehört mit einer Wellenlinie, und alle Redebegleitsätze mit einer geraden Linie.

nach Benno Pludra: Das Herz des Piraten (Ausschnitt)

Jessy liegt im Bett. Auf ihrem Deckbett leuchtet der Stein, leuchtet still und wärmt ihre Hände. Sie fragt ihn plötzlich Hast du als Pirat wohl auch einen Bart gehabt? Einen Bart? Gewiss hab ich den gehabt. Aber wer, da du fragst, hat außerdem einen Bart gehabt? Mein Papa sagt Jessi. Aber erzähl mir mehr von dir. Du wolltest vom großen Thunfisch erzählen. Was hat er dir prophezeit? Der große Thunfisch sagt der Stein hat uns das Ende prophezeit und, dass ich nicht werde schlafen können bis zu jenem Tag, an dem du mich findest. Hat er mich denn gekannt? Wer weiß das schon flüstert der Stein. Jessi fragt weiter Du hast also Schmuggler gelernt? Weiter nichts? Wozu? Ich war zwölf sagt der Stein und hatte das beste Leben. Hast du niemals Angst gehabt will Jessi wissen. Niemals. Auch nicht als die Soldaten kamen wundert sich Jessi. Der Stein schweigt und Jessi will wissen Wie ging es weiter? Ich flüchtete mich aufs Meer erzählt der Stein denn alle Küsten waren mir versperrt. Gefängnis und Schuldturm waren mir sicher. Schließlich sogar der Galgen. Der Galgen ruft Jessi entsetzt du warst doch erst zwölf! Das war seufzte der Stein nun auch schon egal. So wurde ich Pirat.

4 Satzzeichen in der Satzreihe

Wissen

Wenn man selbstständige Hauptsätze aneinander reiht, von denen auch jeder allein stehen kann, dann bildet man eine Satzreihe. In einer Satzreihe werden die Hauptsätze durch ein Komma getrennt.
Wenn die Hauptsätze durch die Konjunktionen „und", „oder", „weder ... noch" miteinander verbunden sind, kann man ein Komma setzen.
Sind die Hauptsätze durch Konjunktionen wie „aber", „sondern", „jedoch" verbunden, muss ein Komma gesetzt werden.

1 Suche aus den Sätzen alle die heraus, die etwas darüber aussagen, was der Stein alles kann. Bilde mit diesen Sätzen Satzreihen und schreibe sie in dein Heft. Verwende dabei die Konjunktionen „und" und „oder".

Er kennt meine Gedanken.
Andere sehen das Leuchten nicht.
Er kann sich freuen.
Er ist wie eine Männerfaust geformt.
Andere können ihn nicht hören.
Er kann traurig sein.
Er kann gut zuhören.
Er kann mich nicht sehen.
Er träumt vor sich hin.
Er erzählt viel.
Er kann Stuben und warme Betten nicht vertragen.

2 Ergänze die folgenden Sätze. Setze die Kommas farbig.

Ich sehe ihn leuchten aber ______

Ich kann ihn hören aber ______

Er liebt das Meer und den Wind jedoch ______

Er ist nicht rund sondern ______

3 Zähle sechs Dinge auf, die der Stein vielleicht nicht kann. Verwende dabei die Konjunktion weder ... noch.

Der Stein kann weder ganz schnell rennen noch kann der Stein hoch springen.

______

______

4 Zähle ohne Verwendung von Konjunktionen auf, was du alles kannst. Verwende Satzreihen und achte auf die Kommasetzung. Arbeite im Heft.

Ich kann sehr gut singen, ich kann schnell schwimmen, ...

5 Satzzeichen im Satzgefüge

Wissen

Werden ein Hauptsatz und ein Nebensatz zusammengefügt, so nennt man dies Satzgefüge.
Hauptsatz und Nebensatz werden durch ein Komma getrennt.
In einem Nebensatz steht die Personalform des Verbs am Ende. Häufig wird er mit einer Konjunktion wie z. B. „weil“, „nachdem“, „dass“ oder „als“ eingeleitet.
Der Nebensatz kann am Anfang, in der Mitte oder am Ende des Satzgefüges stehen. Steht er in der Mitte des Satzgefüges, dann wird er durch Kommas eingeschlossen.

1 Markiere die finiten Verbformen farbig. Unterstreiche die Hauptsätze mit einer Linie und die Nebensätze mit einer Wellenlinie. Setze die fehlenden Kommas.

Ich ahne, dass diese Geschichte erfunden ist. Weil der Fußweg spiegelglatt war konnten wir kaum laufen. Nachdem ich lange krank war musste ich viel Schulstoff nachholen. Sie lief obwohl die Verletzung noch nicht lange zurücklag eine neue Bestzeit. Wenn wir uns beeilen erreichen wir den Schulbus noch. Er träumte während der Lehrer redete vor sich hin. Obwohl gestern die Sonne schien war es nicht besonders warm. Ich hoffe dass es während unserer Bootsfahrt nicht regnet.

2 Beantworte folgende Fragen in Form von Satzgefügen. Dazu musst du die Frage als Hauptsatz umformulieren und die Antwort als Nebensatz einfügen. In Klammern ist vorgegeben, an welcher Stelle der Nebensatz stehen soll. Markiere die finiten Verben und achte auf die richtige Kommasetzung.

Warum hattest du gestern keine Zeit? (Antwort: viele Hausaufgaben, vorangestellt)

Weil ich viele Hausaufgaben erledigen musste, hatte ich gestern keine Zeit.

Wann hast du das Buch gelesen? (Antwort: aus Urlaub zurück, vorangestellt)

Nachdem

Was hast du erfahren? (Antwort: bester Freund krank, nachgestellt)

dass

Wann hast du das Fenster geschlossen? (Antwort: es zog, eingeschoben)

als

Weshalb hast du mich angerufen? (Antwort: Einladung ins Kino, nachgestellt)

weil

3 Vervollständige die Satzgefüge. Suche dazu den passenden Satz und formuliere ihn als Nebensatz. Markiere alle finiten Verbformen und achte auf die Kommasetzung.

Sie kennt ihren Vater nicht.

Sie fragt die Mutter oft nach ihm.

Der Stein versteht sie gut.

Sie ist mit ihren Problemen sehr einsam.

Jessi ist oft sehr traurig weil ______

Obwohl ______

hat sie nicht viel über ihn erfahren.

Sie spricht weil ______

oft mit dem Stein.

Weil ______ kann sie ihm alles sagen.

4 Markiere alle finiten Verbformen und setze die fehlenden Kommas.

nach Benno Pludra: Das Herz des Piraten (Ausschnitt)

Eines Tages staunt Jessi nicht schlecht weil vor der Haustür ein weißes Pferd steht. Obwohl sie sich den Kopf zermartert weiß sie nicht wer da zu Besuch gekommen ist. Als sie ins Haus kommt verstummt das Stimmengewirr und die Mama kommt ihr entgegen. Jessi weiß sofort dass etwas Außergewöhnliches geschehen ist. Als sie ins Wohnzimmer kommen erstarrt Jessi vor Schreck denn auf dem Sofa sitzt der Pirat. Genauso hat sich der Stein wenn sie nach seinem früheren Aussehen fragte beschrieben. Dass dieser Mann nicht der Pirat sondern ihr Vater ist erfährt sie von der Mutter. Eigentlich müsste Jessi sich freuen weil endlich ihr Traum in Erfüllung gegangen ist. Aber sie empfindet nichts da der Mann auf dem Sofa ihr fremd ist.

5 Bilde nach dem vorgegebenen Schema je zwei Satzgefüge und schreibe sie in dein Heft. Markiere die finiten Verbformen und setze die Kommas farbig.

HS + NS | NS + HS | HS + NS + HS

Satzglieder und Satzgliedteile

1 Unterstreiche in dem Text je einen Aussagesatz, einen Ausrufesatz, eine Ergänzungsfrage und eine Entscheidungsfrage farbig.

2 Setze im Satz 5 die Kommas richtig.

3 Ergänze in den Sätzen 8–13 die Satzzeichen der wörtlichen Rede. Trage hinter den Möglichkeiten eine richtige Satznummer ein.

☐ vorangestellter Redebegleitsatz ☐ nachgestellter Redebegleitsatz ☐ eingeschobener Redebegleitsatz

4 Setze die Kommas in Satz 1, 2 und 6 richtig. Trage die entsprechende Satznummer ein.

In welchen Sätzen muss zwischen den Teilsätzen ein Komma stehen? ☐ ☐

5 Markiere in den Sätzen 3, 4 und 8 die finiten Verbformen und unterstreiche die Hauptsätze mit einer Linie, die Nebensätze mit einer Wellenlinie. Setze die Kommas richtig. Trage hinter den verschiedenen Möglichkeiten die Satznummer ein.

☐ vorangestellter Nebensatz ☐ nachgestellter Nebensatz ☐ eingeschobener Nebensatz

nach Benno Pludra: Das Herz des Piraten (Ausschnitt)

1 Der Sonntag hat begonnen Jessi ist früh aus dem Bett in der Küche summt schon das Wasser.

2 Der Stein ist oben er wollte das so.

3 Er hat nicht gebettelt dass Jessi ihn mitnehmen soll.

4 Im Schubfach links wo Jessi ihre Geheimnisse aufbewahrt liegt er nun.

5 Er ist Nachbar von Briefen Bildern Anstecknadeln einem Perlmuttkamm und dem Rest eines Lippenstiftes.

6 Eine Weile später frühstücken Jessi und die Mutter und sie reden zuerst über die Oma in Pasewalk.

7 Nachdem Jessi den letzten Bissen Weißbrot gegessen hat holt sie tief Luft.

8 Sie sagt Dass er mein Vater ist wissen schon alle.

9 Im Gesicht der Mutter verschwindet die Fröhlichkeit, als sie antwortet Was soll das schon machen? Ich will gar nicht, dass er wiederkommt. Ich liebe ihn nicht mehr.

10 Aber hast du ihn mal geliebt? will Jessi wissen.

11 Habe ich, das ist wahr, aber auch lange her sagt die Mutter.

12 Jessi wirft ein Jetzt ist er gekommen.

13 Sein Zirkus berichtigt die Mutter ist gekommen. Da hat er sich besonnen: guckst mal vorbei, zeigst dein schönes weißes Pferd und den neuen Hut. Er selber, von sich aus, wäre kein Stück gekommen. Und darum werde ich auch nicht in seinen Zirkus gehen. Und du gehst auch nicht!

Hilfen beim Rechtschreiben

1 Zerlegen in Sprechsilben

Wissen

Die meisten Wörter werden so geschrieben, wie sie gesprochen werden. Schwierige Wörter solltest du so deutlich sprechen, dass du sie in Sprechsilben gliedern kannst.
Ge-burts-tags-ku-chen, Öff-nungs-zei-ten

1 Suche aus dem Fragezeichen zusammengesetzte Wörter heraus und schreibe sie unter das entsprechende Bild. Notiere darunter das Wort in Sprechsilben zerlegt

GEBURTSSCHIRMLÜGENAUFSCHRIFTERZÄHLERERDERENNENZUCKERKISTENCOMPUTERKASTENGESCHICHTENSEIFENKUCHEN

WETTBEWERBSCHRIFT
BILDBRIEFTOPFBLUMEN

Computerbildschirm

Com-pu-ter-bild-schirm

2 Wörter verlängern

Wissen

Wenn du nicht weißt, wie ein Wort am Auslaut (Wortende) geschrieben wird, kannst du das Wort verlängern und so bei deutlicher Aussprache die Schreibung herausfinden. Du kannst z. B. zu einem Substantiv den Plural bilden, Verben konjugieren oder Adjektive deklinieren.
Betrieb – Betriebe, er bat – sie baten, schlank – das schlanke Mädchen

1 Löse das Rätsel. Entscheide dich für p oder b, d oder t, g oder k, indem du die Pluralform bildest.

Viele fahren darauf zur Schule.	*Fahrräder*	*Fahrra(d)*
Vögel geben solche Laute von sich.		
Wenn man gewinnt, hat man ihn errungen.		
In den Ferien fährt man in den ...		
Grundnahrungsmittel		
Auf ihr sitzt man im Park.		
Darauf kann man reiten.		

2 Setze den richtigen Buchstaben ein und schreibe die Verbformen auf.

er bo, ich lo, es gin

wir trin … en, sie blin … ten, er hin … te

es tra … en, wir pro … en, sie lo … en

sie ra … en, ihr strei … et, wir glei … en

3 Setze p, b, d, t, g, k richtig ein. Verwende die Wörter in Sätzen in deinem Heft.

gel *b* ban schlan spä en
run plum lie ro

3 Wörter ableiten

Wissen

Wenn du nicht weißt, wie ein Wort geschrieben wird, überlege, zu welcher Wortfamilie das Wort gehört. Wenn der Stamm eines Wortes mit h geschrieben wird, dann bleibt das h in allen verwandten Wörtern erhalten.
Wälder – Wald; sehen, Sehenswürdigkeit, hinsehen, Sehkraft

1 In dem Wortfeld sind je drei Wörter einer Wortfamilie versteckt (waagerecht und senkrecht). Suche sie heraus und schreibe sie in dein Heft.

L	I	H	A	U	S	D	H	Ä	N	D	C	H	E	N	L
Ä	L	C	B	H	K	H	Ä	U	S	L	I	C	H	I	Ä
N	A	G	A	E	H	Ä	U	S	E	R	C	Z	E	B	N
D	N	L	U	N	A	F	Z	Z	N	Y	O	V	M	P	D
L	D	R	M	D	O	I	B	E	H	Ä	N	D	E	Z	L
I	D	L	Ä	N	D	E	R	K	N	B	O	R	C	F	I
C	S	U	H	T	Q	A	U	F	B	Ä	U	M	E	N	C
H	N	H	A	N	D	L	I	C	H	S	X	E	T	W	H

2 Setze ein: ä oder e, äu oder eu? Notiere im Heft weitere Wortverwandte.

M...se, N...gel, F...hre, Tr...me, B...te, h...fig, F...ll, h...ftig, kr...ftig, L...te, b...llen, h...te, sich h...ten, D...cher, h...ll, l...gnen

3 Löse das Bilderrätsel. Entscheide dich zwischen ei und ai. Notiere die Lösungen.

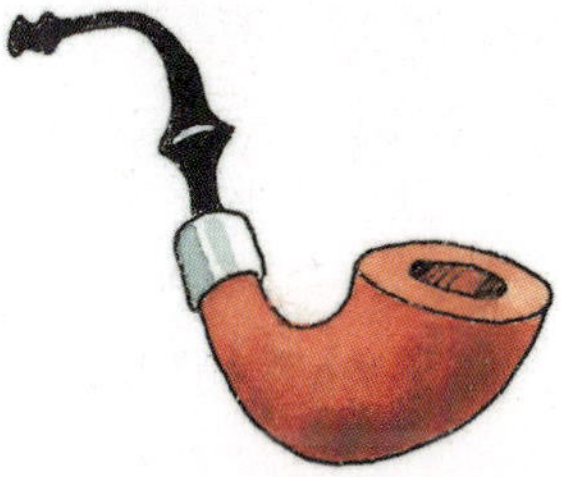

4 Verbinde die Reimwörter mit einer Linie. Wähle fünf Wörter aus und verwende ein anderes Wort dieser Wortfamilie in einem Satz.

Reihe	Zehe	*Wahlen ➜ Die Wähler haben heute abgestimmt.*
Zahlen	kehren	______
Fohlen	Lohn	______
Dehnen	Wahlen	______
Sohn	lehnen	______
lehren	Sohlen	______
Wehe	Weihe	______

1 Löse das Rätsel. Verwende das Wörterbuch. Schreibe zu jedem Wort mindestens zwei Wortverwandte in deinem Heft auf.

Augendeckel / Gesang:	Abschluss / Wasservogel:
L ______ / L ______	En ______ / En ______
Gesichtsausdruck / Bergwerk:	Ausdrucksform / Griff:
M ______ / M ______	St ______ / St ______

2 Suche aus den Silben jeweils die richtige heraus. Wende dazu die Verlängerungs- und/oder Wortverwandtschaftsprobe an. Setze dann das Wort richtig zusammen.

braud / braut ______
zahn / zan ______
räuber / reuber ______

Was hat die Frau eines Diebes im Mund?

______

rand / rant ______
bant / band ______
schu / schuh ______

Womit endet der Schuhsenkel?

______

ur / uhr ______
welt / wäld ______
zaid / zeit ______

Wie nennt man ein Gerät, auf dem man ablesen kann, wie spät es in allen Ländern ist?

______

raim / reim ______
zal / zahl ______
wort / word ______

Wie nennt man eine bestimmte Menge von Wörtern, die ähnlich klingen?

______

Groß- und Kleinschreibung

1 Wörter, die großgeschrieben werden

Wörter am Satzanfang, Eigennamen und Substantive werden großgeschrieben. Substantive erkennst du an den Wörtern, die sie begleiten können: Artikel, Pronomen, Mengen- und Zahlwörter, Präpositionen (Artikelprobe). Typische Substantivendungen sind -ung, -heit, -keit und -nis.
Meine Schwester heißt Barbara.

Wissen

1 Suche aus dem Buchstabenrätsel alle waagerecht versteckten Substantive und Eigennamen heraus und vervollständige die Kisten.

V	A	A	U	S	O	N	K	I	N	D	Z	O	K	O	N	S	T	A	N	T	I	N	L
X	F	O	R	D	E	R	U	N	G	W	K	R	A	N	K	H	E	I	T	L	T	U	G
F	R	E	I	H	E	I	T	L	E	I	T	E	L	K	E	I	T	H	O	L	Z	N	Z
B	E	I	M	R	U	M	M	E	L	L	T	C	A	R	O	L	I	N	X	O	B	I	P
A	M	M	P	L	A	N	U	N	G	R	M	E	N	S	C	H	H	E	I	T	W	O	T
K	B	E	R	L	I	N	I	W	A	G	N	I	S	V	H	A	C	H	T	U	N	G	M
G	E	H	H	E	I	T	E	R	K	E	I	T	S	T	A	P	F	E	R	K	E	I	T
E	R	L	E	B	N	I	S	Z	Z	M	K	E	N	N	T	N	I	S	N	Q	U	I	S

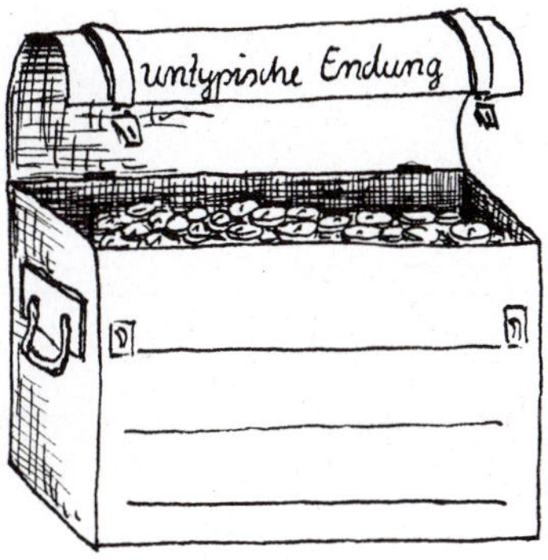

2 Bei den folgenden Sprichwörtern sind die Wortgrenzen verrutscht. Berichtige die Sätze und schreibe sie in der richtigen Groß- und Kleinschreibung auf.

De Mglüc Klich enschläg tk ein Estun de.

Dem Glücklichen

Mans ollde Nteu felni chta ndi Ewa ndm ale n.

Wennd iekat Zeausd emha usist, tan Zendi Emä Useau fdemt isch.

Vie Leköc hev erderb ende Nbrei.

Derap Felfä Lltni chtwei Tvo mstamm.

Na chtssi Ndal lek Atz eng rau.

3 Schreibe den Text in der richtigen Groß- und Kleinschreibung auf und setze die fehlenden Satzzeichen.

Achtung!

2 Wörter, die wie Substantive gebraucht werden

Wissen

Verben und Adjektive, die im Satz wie Substantive gebraucht werden, schreibt man groß. Substantivierte Adjektive und Verben erkennst du an den Wörtern, die sie begleiten können: Artikel, Pronomen, Mengen- und Zahlwörter, Präpositionen (Artikelprobe).
reiten – Beim Reiten fiel sie vom Pferd.

1 Bilde aus den Silben und Wortbestandteilen substantivierte Verben und Adjektive. Ergänze passende Begleiter. Die Anfangsbuchstaben der Substantivierungen ergeben von oben nach unten ein Lösungswort.

ba an ge geln brauch gie neu drin tram nen ~~zen~~ o
ten ~~schwat~~ res ri range des ren peln ra kal gen tes

1. im Unterricht nicht erlaubt: *das Schwatzen*
2. ein lautes und poltriges Gehen: ______
3. Auto- und Motorradsport: ______
4. anderes Wort für Fischefangen: ______
5. ein Mädchen, das alles gern wissen möchte: ______
6. etwas, das sich nicht aufschieben lässt: ______
7. Erfrischung bei großer Hitze: ______
8. Farbbezeichung: ______
9. macht den Rätselfreunden Spaß: ______
10. anderes Wort für etwas Nützliches: ______

Lösungswort:

1	2	3	4	5	6	7	8	9	10
S									

2 Substantiviere die Adjektive und Verben, suche verschiedene Begleiter dazu und bilde jeweils einen Satz.

dringend *Alles Dringende sollte man gleich erledigen.*

alt ______

knistern ______

brauchbar ______

auffällig ______

bestimmen ______

3 Unterstreiche im Text alle substantivierten Verben, die großgeschrieben werden müssen. Rahme die Begleiter ein.

Abendspaziergang

Kurz vor dem Sonnenuntergang zieht hinter dem Wäldchen ein Sommergewitter auf. Leise grummelt – noch weit entfernt – ein erster Donner. Vom Ort her hört man das bellen der Hunde, das knattern eines Motorrads und einen verspäteten Traktor tuckern. Wenn der Wind auffrischt, rauschen die Ähren am Feldrand und das wispern der Blätter klingt wie ein flüstern schwatzhafter Mädchen. Lautes schniefen verrät einen Igel auf Futtersuche.

4 Suche aus dem Text alle Verben und alle substantivierten Verben mit ihren Begleitern heraus. Schreibe sie richtig in die Tabelle und ergänze jeweils die fehlende Spalte.

Verb	Begleiter + substanviertes Verb
aufziehen	
	das Bellen

5 Bilde mit den substantivierten Verben der rechten Tabellenspalte im Heft sinnvolle Sätze. Verwende dabei verschiedene Begleiter. Vielleicht kannst du eine kleine Geschichte erzählen.

3 Höfliche Anrede

Wissen

Das Anredepronomen „Sie“ und das entsprechende Possessivpronomen „Ihr“ werden aus Höflichkeit großgeschrieben. Die Anredepronomen der 2. Person „du“ und „ihr“, die Possessivpronomen „dein“, „euer“ und alle weiteren Formen werden kleingeschrieben.
Ich bedanke mich bei Ihnen und bitte Sie, ...; Vielen Dank für deinen Brief.

1 Entscheide, wie in den folgenden Sätzen die Pronomen geschrieben werden. Die richtigen Buchstaben in den Klammern ergeben den Vornamen der Hauptfigur eines Abenteuerromans von Daniel Defoe.

1. Ich erwarte von *Ihnen* eine Entscheidung! (T = ihnen, R = Ihnen)
2. Der Postbote gibt ______ den Einsendebrief. (O = ihr, A = Ihr)
3. Ob ______ wohl heute Besuch bekommen würde? (B = sie, S = Sie)
4. Weisen ______ sich bitte aus. (C = sie, I = Sie)
5. Die Gäste kommen gleich, sie wird ______ etwas kochen. (N = ihnen, H = Ihnen)
6. Sie streichelte ______ Katze. (S = ihre, E = Ihre)
7. Bitte schildern ______ uns den Vorfall schriftlich. (N = sie, O = Sie)
8. Ich habe ______ Brief erhalten, Frau Schmidt. (S = ihren, N = Ihren)

Lösungswort:

1	2	3	4	5	6	7	8
R							

2 Ergänze die Pronomen in der richtigen Groß- und Kleinschreibung. Entscheide dazu, ob es sich um eine Anrede handelt.

Werte Frau Sohr,
bitte entschuldigen ______ das Fehlen meiner Tochter Daniela in der heutigen Deutschstunde. Heute morgen hatte ______ einen Termin beim Kieferorthopäden, der ______ mehr Zeit als geplant gekostet hat. Außerdem muss ich ______ mitteilen, dass uns Danielas Arzt davon in Kenntnis gesetzt hat, dass in nächster Zeit ein größerer Eingriff bei ______ ansteht. Wir werden ______ noch rechtzeitig informieren, wenn der Termin bekannt ist. Für diese Zeit haben wir eine Bitte: Wir würden uns sehr freuen, wenn ______ uns einen oder mehrere Mitschüler nennen, die während Danielas Abwesenheit für ______ mitschreiben und alle Aufgaben übermitteln könnten. Natürlich wird ______ den versäumten Unterrichtsstoff nachholen. Wir danken ______ im Voraus für ______ Bemühungen.
Mit freundlichen Grüßen
Frau Schönbaum

3 Schreibe einen Brief an eine Jugendherberge, in der deine Klasse die Klassenfahrt verbringen möchte. Bitte um Informationsmaterial und ein Preisangebot. Achte auf die Großschreibung der Anredepronomen.

Groß- und Kleinschreibung

1 Groß oder klein? Setze die richtigen Anfangsbuchstaben ein und unterstreiche alle Begleiter farbig. Wenn du die entsprechenden Zahlenfelder ausmalst, entsteht ein Bild.

Nächste Woche soll das ___ommerfest (S = 8, s = 47) stattfinden, ___eshalb (D = 53, d = 1) sitzt der Schülerrat der ___oetheschule (G = 4, g = 60) zusammen. Das ___lanen (P = 55, p = 65) erfordert viel ___rfahrung (E = 2, l = 52). Die Schülerschaft wünschte sich etwas ___esonderes (B = 9, b = 14), etwas ___eues (N = 3, n = 13). Damit nichts ___chlimmes (S = 35, s = 43) passiert, wird eine ___rdnungsgruppe (O = 25, o = 30) zusammengestellt. Zum ___ufräumen (A = 11, a = 12) wird die Klasse 6c ___ingeteilt (E = 31, e= 33). Julia entwirft eine ___inladungskarte (E = 36, e = 38) für die Eltern und schließt mit dem Satz „Wir freuen uns auf ___hr (I = 10, i = 22) ___ommen (K = 5, k = 17)!“ Alle Schülerratsmitglieder sind eifrig bei der Sache. Ihr aufgeregtes ___etuschel (G = 6, g = 50) ist fast bis vor die Zimmertür zu hören, ___or (V = 44, v = 26) der einige ___eugierige (N = 34, n = 29) ___auschen (L = 62, l = 7). Alle hoffen auf ein gutes ___elingen (G = 27, g = 21).

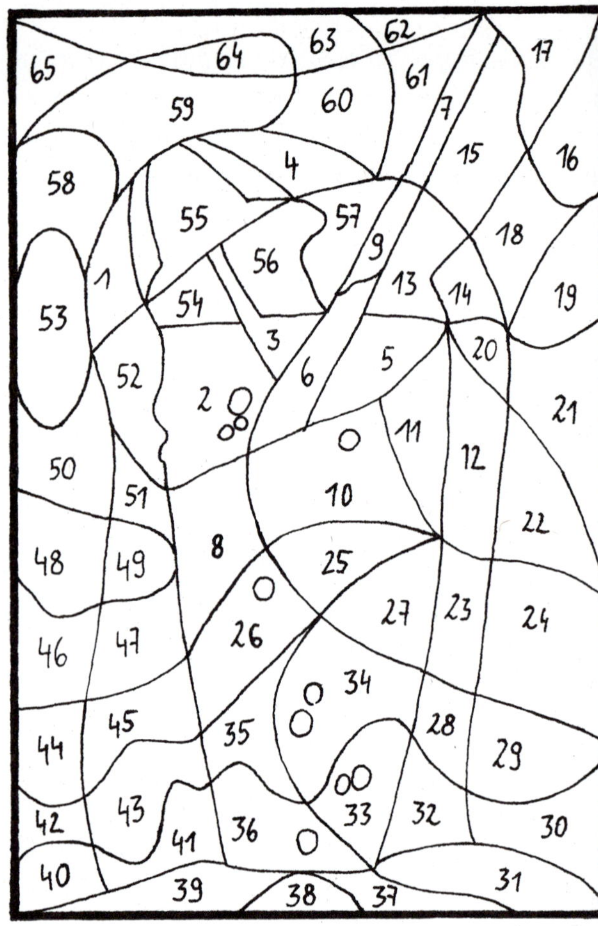

2 Schreibe die Wortgruppen entsprechend der Vorgaben in den Klammern auf. Substantiviere die Verben und Adjektive.

ein spannendes Rennen	(unbest. Artikel + Adjektiv, rennen)
	(Pronomen, gut)
	(Präposition + Artikel, weinen)
	(best. Artikel + Adjektiv, lernen)
	(best. Artikel, rot)
	(Pronomen sammeln)

Lange Vokale und ihre Schreibweisen

1 Wörter mit lang gesprochenem i

Wissen

Das lang gesprochene i wird in den meisten Fällen ie geschrieben. Eine Ausnahme bilden Wörter, die ursprünglich aus anderen Sprachen stammen.
tief, Biene, Stiefmutter; Bibel, Klima, Maschine, Vitamin

1 Die Buchstaben der Wörter sind alphabetisch geordnet. Bringe sie in die richtige Reihenfolge, schreibe die Wörter auf und markiere das lang gesprochene *i* farbig.

bbeir	*Biber*	defiln	
beis		eigr	
egirt		bbeil	
beir		beih	
eeisw		eilps	
iklo		ehiv	
einors		ein	

2 Löse das folgende Rätsel. Alle Lösungswörter werden mit lang gesprochenem *i* oder *ie* geschrieben. Verwende ein Wörterbuch.

1	2	3	4	5	6	7	8	9	10	11
U	R	P	A	H	D	M	S	G	C	F

12	13	14	15	16	17	18	19	20	21	22
E	I	Z	B	K	N	L	O	T	V	W

Vogelkleid ___ ___ ___ ___ ___ ___ ___ ___ (9 12 11 13 12 6 12 2)

Körperteil ___ ___ ___ ___ (16 17 13 12)

Südfrucht ___ ___ ___ ___ ___ ___ ___ ___ ___ (4 3 11 12 18 8 13 17 12)

rotes Gemüse ___ ___ ___ ___ ___ ___ ___ ___ ___ ___ (2 4 6 13 12 8 10 5 12 17)

Zeitmaß ___ ___ ___ ___ ___ ___ (7 13 17 1 20 12)

Wochentag ___ ___ ___ ___ ___ ___ ___ ___ (6 13 12 17 8 20 4 9)

Warnsignal ___ ___ ___ ___ ___ ___ (8 13 2 12 17 12)

Messgerät ___ ___ ___ ___ ___ ___ (18 13 17 12 4 18)

3. P. Singular ___ ___ ___ (22 13 2)

Schriftstück ___ ___ ___ ___ ___ (15 2 13 12 11)

3 Suche Wörter, die auf *-in* enden. Verwende ein Wörterbuch.

vereinbartes Datum · Edelmetall · weibliches Geschlecht
Arznei · Zusammenbruch · Kraftstoff · Meeresvogel
die Alpen betreffend · Zeitschrift · offene Feuerstelle

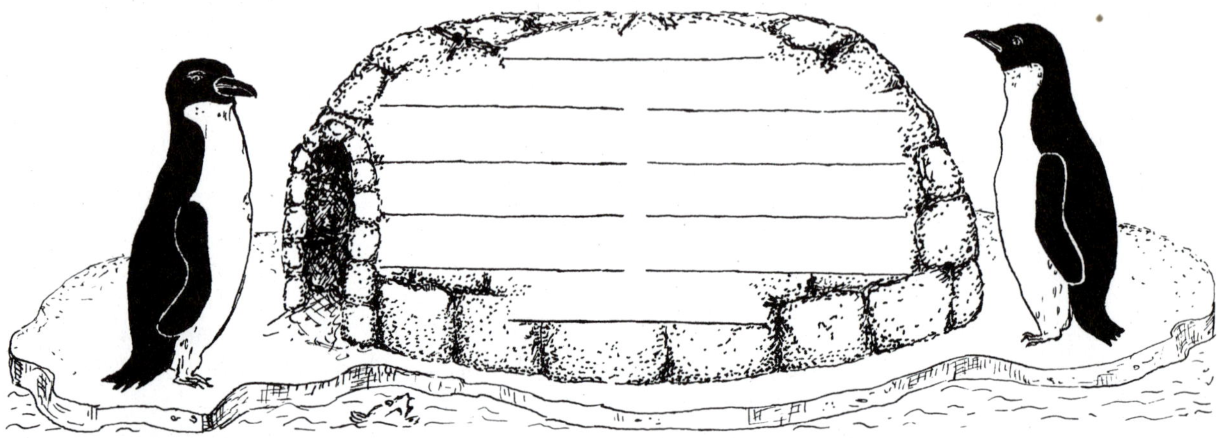

4 Bilde aus den Substantiven jeweils Verben im Infinitiv und in den angegebenen Tempusformen. Beginne mit der oberen Zeile.

Ruf · Verrat · Schlaf · Flucht · Schrei · Spaziergang
Reparatur · Verzierung · Kriechtier · Geruch · Gabe

3. P. Sg. Präteritum	*rufen → sie rief*
2. P. Sg. Präteritum	
3. P. Pl. Präteritum	
1. P. Sg. Präsens	
1. P. Pl. Präteritum	
1. P. Sg. Präteritum	
2. P. Sg. Präsens	
3. P. Sg. Präteritum	
2. P. Pl. Präsens	
3. P. Pl. Präsens	
2. P. Sg. Präsens	

2 Wörter mit doppelt geschriebenem Vokal

Wissen

Die Länge eines Vokals kann auch durch eine Verdopplung gekennzeichnet werden.
Moos, doof, Aal, Staat, Armee, Tee

1 Bilde Wörter mit doppeltem Vokal, schreibe sie in dein Heft und ergänze jeweils einen Satz.

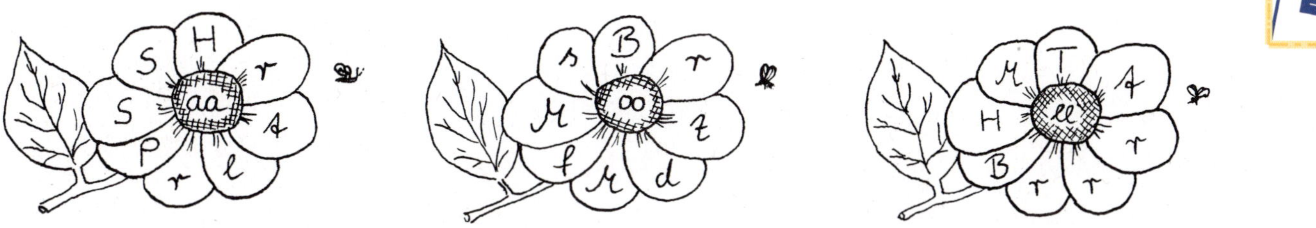

2 Entschlüssele die Symbole und schreibe die Wörter mit doppeltem Vokal auf. (ü = ue)

Ruderkriegsschiff	▼ ▲ ⧓ ■ ■ ▮ ■
ohne Inhalt	⧓ ■ ■ ▮
Wassergefährt	□ ◖ ◖ ⬬
breiförmige Speise	◀ ○ ■ ▮ ■ ■
Geldbehältnis	◀ ◖ ▮ ⬬ ● ◖ ⬮ ■ ■
islamisches Gotteshaus	● ◖ ▬ ◗ ▶ ■ ■
Glückssymbol	◆ ⧓ ■ ■
Tierpark	⧗ ◖ ◖
Heeresmacht eines Landes	▲ ▮ ● ■ ■
Gewichtsbestimmungsgerät	⬩ ▲ ▲ ▼ ■

Symbolschlüssel

◗	▲	◖	⬩	▮	□	⬮	◆	▶	◀	■	▬	●	▼	⧗	○	⬬	◀

3 Hier sind die Buchstaben der Wörter rückwärts aufgeschrieben. Bringe sie in die richtige Reihenfolge.

ENIHCSAMEEFFAK	*Kaffeemaschine*	EEFNEHCRÄM	
EELEGREEBMIH		TTALGLAA	
LETUEBEET		EERROP	
REFREWREEPS		EZNERGSTAATS	

3 Wörter mit dem Dehnungszeichen -h-

Wissen

Das Dehnungszeichen -h- (auch: Grenz-h) steht meist zwischen einem betonten langen und einem unbetonten Vokal.
ge-hen, Mü-he, Ru-he, sa-hen

1 Setze die Wörter mit üh und äh zusammen und schreibe sie auf.

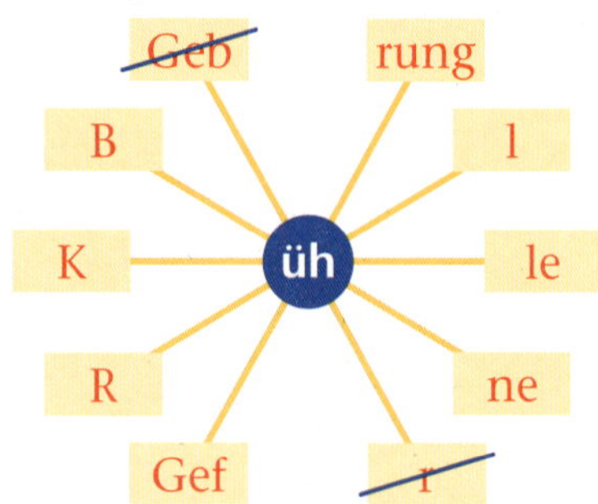

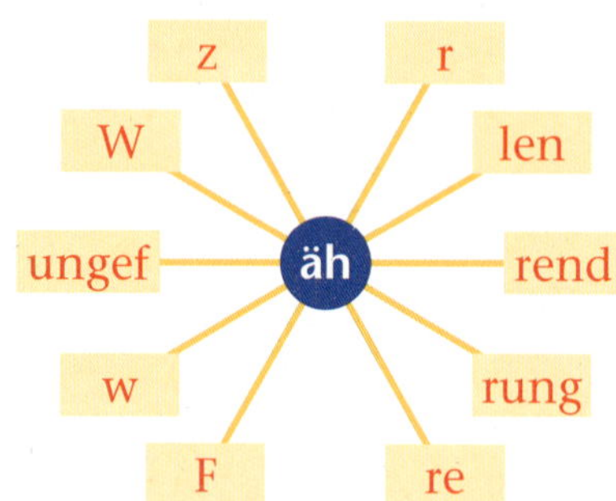

Gebühr

2 Schreibe die Zusammensetzungen richtig in deinem Heft auf.

Schuhlehne, Steheintopf, Gehtat, Zahnfahrt, Bohnenplatz, Gebührensohle, Lohnweh, Wohlversuch, Bahnerhöhung, Stuhlzahlung

3 Setze richtig ein. Wenn kein Dehnungs-h steht, füge einen Bindestrich ein.

Ausna_me, Na_mensschild, Wa_n, Wa_lurne, Wa_lfang, Fe_ler, Fe_ld, Fa_ne, Flo_, fro_, Fra_ge, A_nung, Ansa_ge, Kla_ge, ka_l, Ko_l, Ke_le, Ko_le, Stro_m, se_r, me_r, schwe_r, Sa_ne, Da_me, fle_en, Fle_gel, Hö_e, Sta_l, Za_r, Stra_l, Sa_ge, Se_ne, Pfa_l, Ga_be, U_rwerk, U_rwald, O_r, o_rdnen, o_ne, Dre_ung, Ba_rt, Gele_rter, Verke_r, le_rnen, ze_n, Le_m, Gesche_en, Ra_be, bo_nern, Bo_gen, bo_ren, se_geln, Wa_rheit, e_ren, re_gen, Ma_lzeit, Ma_lblock, fe_len, Fe_der, ne_men, ste_len, Fu_re, Fu_ge, Hu_n, Ku_le, wo_nen, nä_en

Wissen

In Wörtern mit betontem langem Vokal schreibt man oft ein Dehnungs-h, wenn der Konsonant l, m, n oder r folgt.
Höhle, Lehm, Sahne, wahr

4 Bilde von den Wörtern mindestens ein Reimwort mit dem Dehnungszeichen h. Verwende ein Wörterbuch. Ergänze dahinter ein Wort aus der Wortfamilie.

Sohn	→ *Muttersöhnchen*	Zahn	→
	→		→
	→	*Kahn*	→
hohl	→	verwöhnen	→
	→		→
	→		→

5 Verändere von Verb zu Verb einen Buchstaben. Bilde von den Sprossen jeweils folgende Formen. Lege dazu in deinem Heft eine Tabelle an.

1. Sprosse: 1. P. Sg. Präsens
2. Sprosse: 2. P. Sg. Präsens
3. Sprosse: 3. P. Sg. Präsens
4. Sprosse: 1. P. Pl. Präteritum
5. Sprosse: 2. P. Pl. Präteritum
6. Sprosse: 3. P. Pl. Präteritum

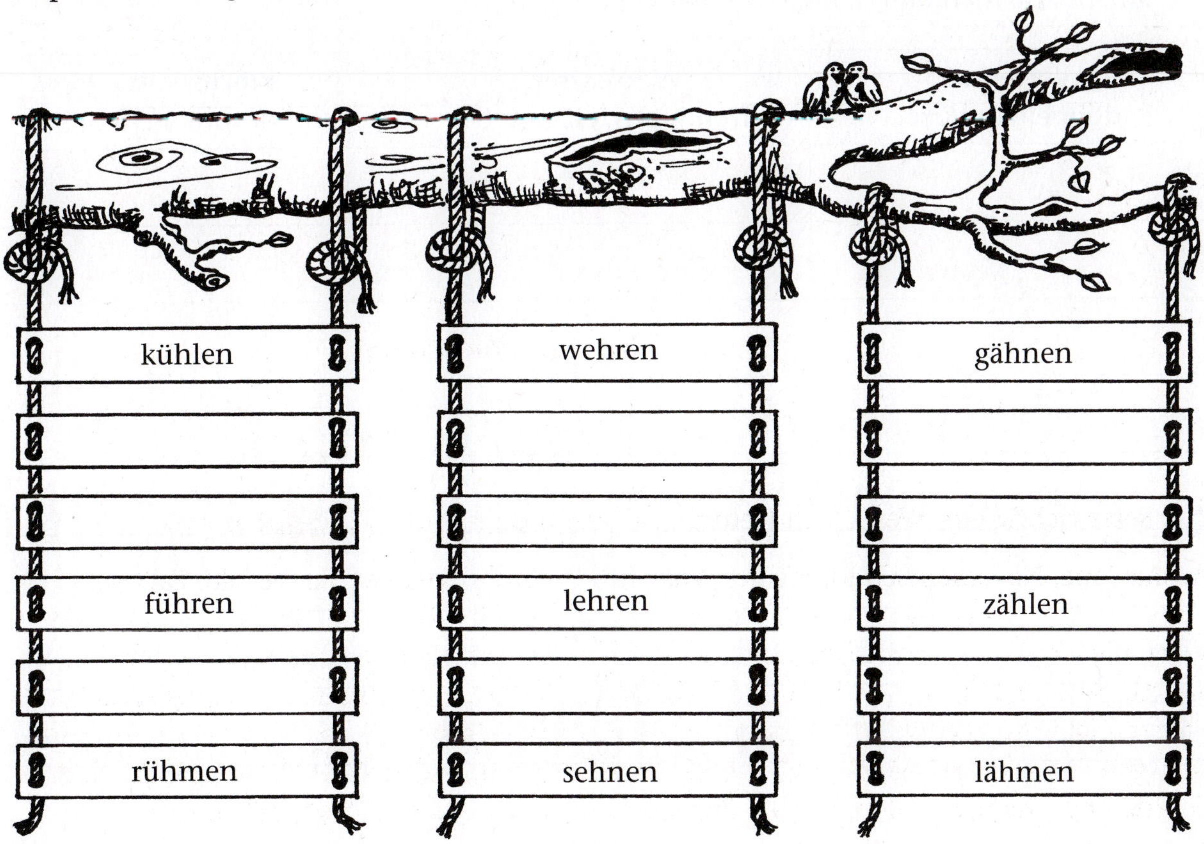

1 Auf dem Weg durch das Labyrinth sind alle Wörter richtig geschrieben. Suche diesen Weg und markiere ihn. Verwende ein Wörterbuch.

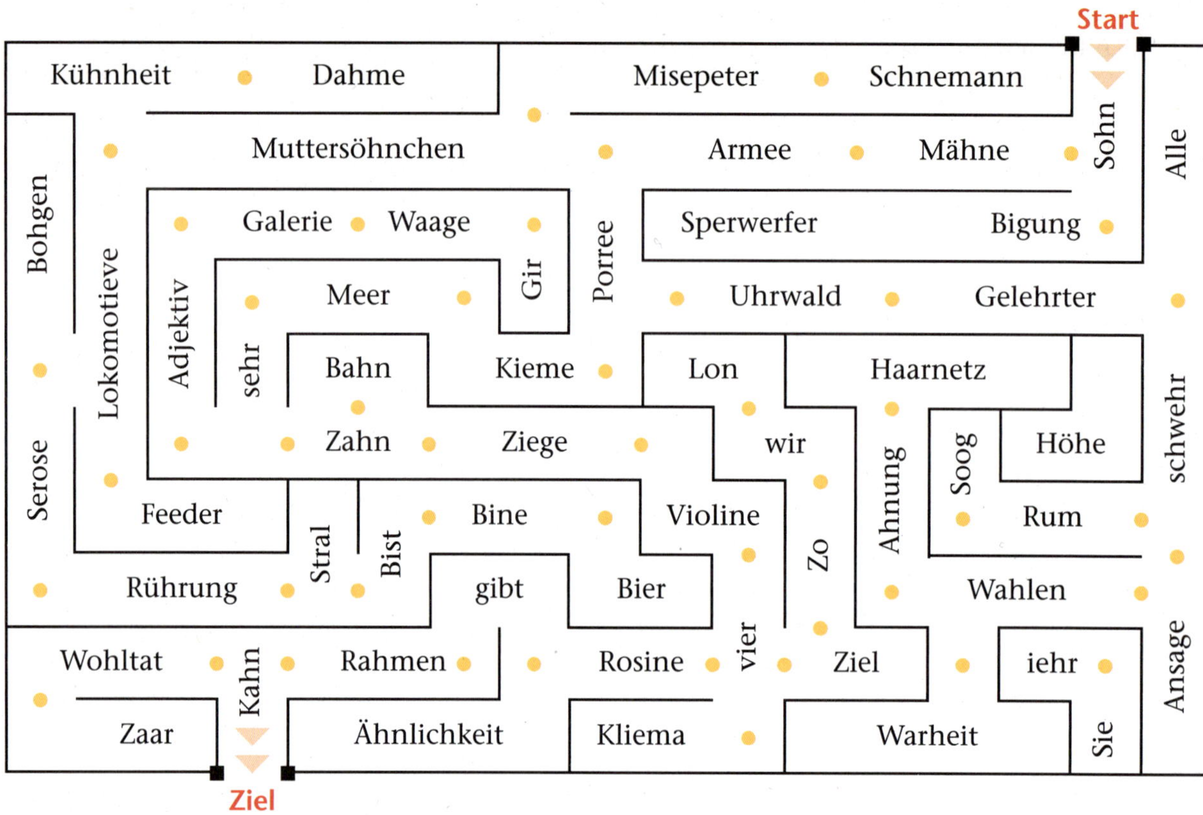

2 Suche alle falsch geschriebenen Wörter aus dem Labyrinth heraus. Streiche sie mit einem Rotstrich durch und schreibe sie richtig auf.

Wörter mit doppeltem Vokal	Wörter mit Dehnungszeichen -h-	Wörter mit lang gesprochenem i

Konsonantenverdopplung und -häufung

1 Wörter mit kurz gesprochenem Vokal

Nach einem kurzen betontem Vokal schreibt man oft Doppelkonsonanten. Am häufigsten ist das bei den Konsonanten f, l, m, n, p, s und t. Seltener sind Wörter mit bb, dd, gg und rr.
Affe, kommen, kippen, essen, rütteln, Ebbe, paddeln, Bagger, starr

Wissen

1 Setze passende Doppelkonsonanten ein. Manchmal gibt es mehrere Möglichkeiten.

Kle ___ e	Gi ___ er	Fla ___ e	sto ___ en
E ___ e	Do ___ er	Bi ___ e	tre ___ en
Qua ___ e	Kla ___ e	Ste ___ e	nu ___ erieren
Nu ___ er	We ___ e	Ha ___ e	su ___ en
Gri ___ e	Wa ___ e	Bre ___ er	begi ___ en

2 Bilde aus den Silben Wörter, die jeweils mit beiden Substantiven eine Zusammensetzung bilden können.

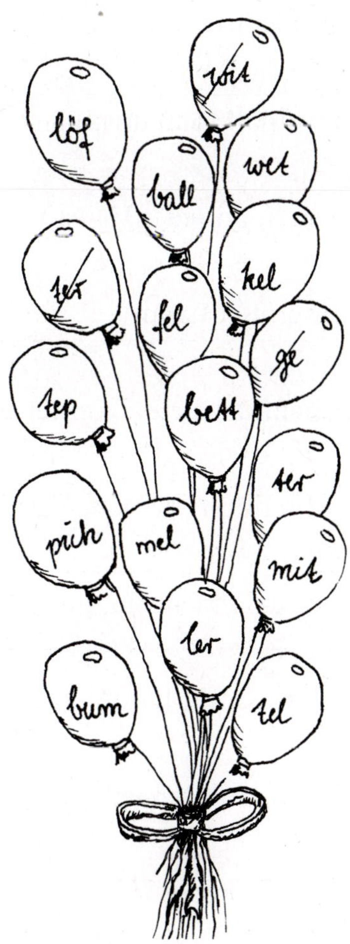

Herbst *gewitter*	*Gewitter* wolke
Winter	leuchten
Wein	fenster
Holz	bezug
Tee	stiel
Fuß	spiel
Bad	franse
Stadt	bahn
Wasch	punkt

Konsonantenverdopplung und -häufung

3 Löse das Rätsel. Beachte dabei: Gleiche Zahlen bedeuten gleiche Buchstaben.

Zahlenschlüssel:					
	1 =	5 =	9 =	13 =	17 =
	2 =	6 =	10 =	14 =	18 =
	3 =	7 =	11 =	15 =	19 =
	4 =	8 =	12 =	16 =	20 =

1 2 3 4 4 3	Sie bleibt überall haften.
5 6 4 4 3 7	Diebe kommen dahinter.
8 7 3 4 4	Man braucht es für ein Regal.
9 10 5 5 3	ein sehr großer Hund
3 8 8 3	Gegensatz von Flut
8 6 4 4 3	Man sagt es, wenn man einen Wunsch hat.
11 4 12 2 2	Aufenthaltsort von bestimmten Haustieren
13 12 14 14 3	Darin kann man baden.
5 7 6 15 15	Daran hält man etwas fest.
14 16 17 17 3 7	Sie steht an jeder Haustür.
18 12 2 2 3	sehr großer Raum
15 2 12 17 17 3	Sie befindet sich auf einer brennenden Kerze.
1 2 12 19 19 3	Dort schlüpft die Katze durch die Tür.
13 3 4 4 3	Man schließt sie ab, um zu gewinnen.
20 16 12 2 2 3	Sie schwimmt häufig im Meer.
7 12 4 4 3	Nagetier mit langem Schwanz
17 3 11 11 3 7	Man benutzt es zum Schneiden.

2 Wörter mit tz und ck

Wissen

Die doppelten Konsonanten kk und zz kommen nur in Fremdwörtern vor. Statt kk wird nach kurzem Vokal ck geschrieben. Statt zz wird nach kurzem Vokal tz geschrieben. Nach l, m, n, r schreibt man nie tz oder ck.
Mokka, Pizza; schlucken, Zucker; Katze, hetzen

1 Schreibe die Wortgruppen richtig auf. Verwende ein Wörterbuch.

einen Batzenzahn ziehen *einen Backenzahn ziehen*

einen Kartoffelpuffer bruckeln ______

einen Lotzenwitzler einrollen ______

ein Pätzchen bekommen ______

dretzige Schuhe pucken ______

eine Fracke schneiden ______

einen Rutzsatz patzen ______

frisches Obst einzutzern ______

aus Trock etwas ablehnen ______

einen Schack finden ______

jemand mit einem Wick netzen ______

Nagellatz kaufen ______

dem Baby ein Läckchen umbinden ______

ein Schnickel braten ______

2 Suche zu den Wörtern mindestens drei Wortverwandte, bilde mit ihnen jeweils einen Satz und schreibe sie in dein Heft.

Platz
Satz
Schnecke
Decke

1 Suche die Wörter heraus, die richtig geschrieben sind. Verwende ein Wörterbuch. Durch das Verbinden der dahinter stehenden Zahlen entsteht ein Bild.

Stimmabgabe	1–8	Birke	23–12	lanng	24–37
Stimmabgabbe	1–4	Bircke	23–27	lang	24–25
Latzhose	8–7	Polenflug	12–40	Hemmd	10–40
Lazhose	8–37	Pollenflug	12–27	Hemd	11–10
Weterleuchten	7–30	Brennnessel	27–13	Bannane	25–9
Wetterleuchten	7–6	Brennessel	27–8	Banane	10–25
Platzwunde	5–6	Bockspringen	28–22	Stofffetzen	25–7
Plazwunde	6–31	Bokspringen	28–13	Stoffetzen	25–38
kaput	4–36	Karamel	22–29	Brunenrand	34–15
kaputt	5–4	Karamell	22–3	Brunnenrand	14–15
Spinennetz	4–7	Kartofelpuffer	13–35	Backenzahn	15–20
Spinnennetz	4–3	Kartoffelpuffer	13–14	Bakenzahn	14–34
Ratt	3–13	dennoch	14–21	Zimmt	20–14
Rat	3–2	dennnoch	14–20	Zimt	20–21
Zollstock	2–29	Harcke	21–35	Lockerung	20–4
Zolstock	2–6	Harke	21–22	Lokkerung	20–36
Vannille	28–13	nummerieren	21–3	Egge	18–19
Vanille	27–28	numerieren	21–36	Ege	36–18
Sazbau	28–13	Ballettänzer	12–38	Schnekkenhaus	25–9
Satzbau	28–29	Balletttänzer	12–11	Schneckenhaus	25–26
Gewinner	28–23	Sommergewitter	11–24	Holtz	30–6
Gewiner	28–35	Somergewitter	11–37	Holz	30–31
Winnd	23–36	Rasselbande	24–8	Türstopper	29–1
Wind	23–8	Raselbande	24–37	Türstoper	22–29

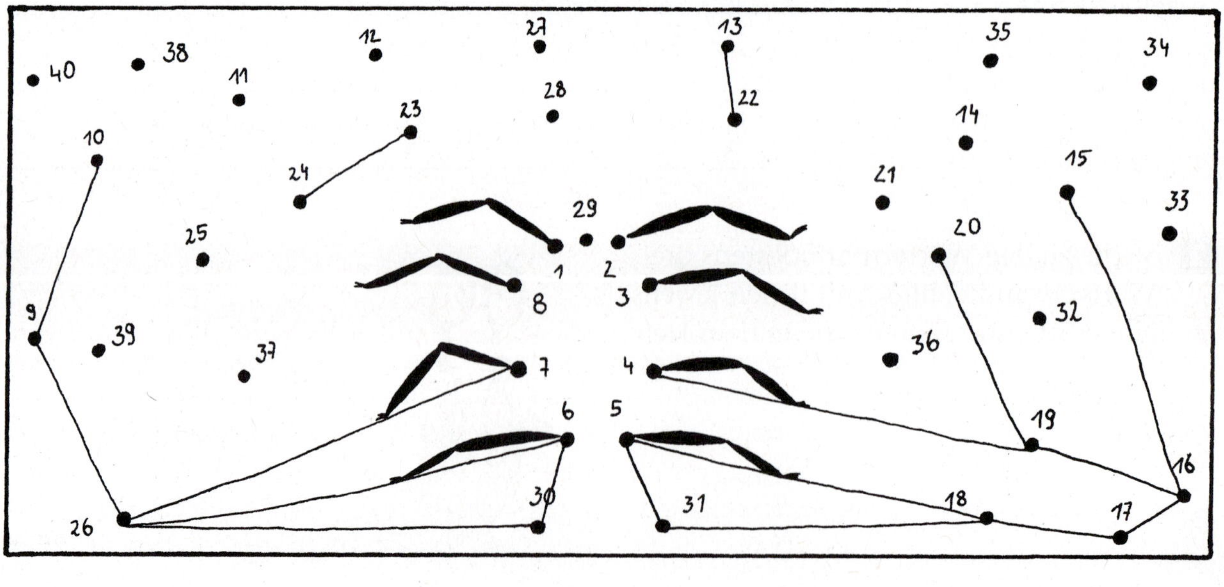

Schreibung der s-Laute

1 Wörter mit s-Lauten: s, ss oder ß?

Wissen

Der stimmhafte (weiche) s-Laut wird immer s geschrieben. Der stimmlose (harte) s-Laut wird s geschrieben, wenn man eine Verlängerung oder Wortverwandte mit stimmhaftem s-Laut bilden kann.
lesen, sie liest, Eis, eisig, vereisen

1 Unterstreiche in dem Gedicht alle Wörter mit einem stimmhaften s-Laut.

Joachim Ringelnatz: Der Globus

„Wo sitzt", so frug der Globus leise
Und naseweise die weise, weiße,
Unübersehbar weite Wand,
„Wo sitzt bei uns wohl der Verstand?"

Die Wand besann sich eine Weile,
Sprach dann: „Bei dir – im Hinterteile!"

Nun dreht seitdem der Globus leise
Sich um und um herum im Kreise –
Als wie am Bratenspieß ein Huhn,
Und wie auch wir das schließlich tun –,
Dreht stetig sich und sucht derweil
Sein Hinterteil, sein Hinterteil.

2 Suche je drei Wörter mit einem stimmhaften s am Wortanfang und in der Wortmitte heraus und bilde mit ihnen Sätze im Heft.

3 Suche zu den Wörtern Wortverwandte oder wende die Verlängerungsprobe an, damit der stimmhafte s-Laut deutlich zu hören ist.

er reist *reisen, Reisefieber*

mies ______

sie liest ______

das Glas ______

dies ______

der Preis ______

es grast ______

Wissen

Für den stimmlosen (harten) s-Laut schreibt man in der Mitte und am Ende eines Wortes ss, wenn der Vokal vor dem s-Laut kurz gesprochen wird.
Für den stimmlosen (harten) s-Laut schreibt man in der Mitte und am Ende eines Wortes ß, wenn der Vokal oder Umlaut vor dem s-Laut lang gesprochen wird.
Manchmal wechselt innerhalb einer Wortfamilie die Schreibung für das stimmlose s.
Kuss, bisschen; Fuß, genießen; Fluss, fließen, floss

4 Entscheide, ob die Wörter mit *s* oder *ß* geschrieben werden. Suche dazu Wortverwandte oder wende die Verlängerungsprobe an.

es brau_t ________ *brausen*

Krei_ ________

Flei_ ________

er bei_t ________

er rei_t ________

Auswei_ ________

Ei_ ________

hei_ ________

sie lo_t ________

es flie_t ________

der Gru_ ________

Bewei_ ________

5 Setze *s*, *ss* oder *ß* richtig ein. Verwende ein Wörterbuch.

Se_el, Du_el, Scho_, Verlie_, Klö_e,
Ei_en, Rei_e, Überschu_, Wie_el, Ru_,
Flu_, mü_ig, Rei_, Fe_el, flie_t,
Ki_en, Spie_, wei_, Fa_er, Sto_,
vermi_en, Blu_e, blo_, bla_, gewi_,
Bewei_, bla_, bi_chen, Ma_, na_,
barfu_, ro_a, Ilti_, Ani_, Ga_, Stre_,
We_en, ke_, Dro_el, drau_en, Dre_ur,
drei_ig, au_erdem

6 Setze das passende Wort ein: *außen, draußen, außer.*

__________ Sonja steht keiner mehr __________ vor der Tür. Es ist ganz dunkel __________, __________ bei der kleinen Laterne __________ vor dem Tor. __________ am Haus befindet sich die Alarmanlage. Wir spielen heute keinen Fußball, __________ es bleibt doch trocken __________.

7 Bilde aus den Wortbestandteilen ungewöhnliche Bezeichnungen für folgende Wörter. Markiere alle *s*-Laute farbig. In dem jeweils letzten Wortbaustein ist ein Verb versteckt. Fülle mit diesen Verben die Tabelle aus.

esser presser gießer nuss wasser brennnessel riesen rosen
schießer besser mais wisser hasen fasser nieser schmeißer

Lehrer =		Regentonne =	
Biologe =		Kranker =	
Gärtner =		Popcornmaschine =	
Eichhörnchen =		Jäger =	

Infinitiv	2. Stammform	3. Stammform	3. P. S. Präs.	2. P. Pl. Prät.

8 Löse das Rätsel. Pro Zeile sollst du entweder einen Buchstaben ergänzen, ersetzen oder weglassen. Verwende ein Wörterbuch.

gut – … – am besten	*besser*	hohe Spielkarten (Plural)	
Gerät zum Schneiden		kleines Tier im Keller	
Kirchenzeremonie		Kinderspielzeug	
anderes Wort für Menge		eine Hunde…	
Ort, wo Geld aufbewahrt wird		Gefäß zum Trinken	

2 dass oder das?

Wissen

Mithilfe der Ersatzprobe kannst du herausfinden, ob du „das“ oder „dass“ schreiben musst. Du prüfst, ob du das fragliche „das“ durch „dieses“, „jenes“ oder „welches“ ersetzen kannst. Geht es nicht zu ersetzen, schreibst du „dass“.
Ich glaube nicht, dass er das war. Ich möchte das Buch zurück, das ich dir neulich geborgt habe.

1 Bilde zusammengesetzte Sätze. Entscheide, ob du den Nebensatz mit der Konjunktion „dass“ oder mit dem Relativpronomen „das“ einleiten musst. Achte darauf, dass zwischen Haupt- und Nebensatz ein Komma stehen muss.

Ich kenne das neue Computerspiel schon. Du willst es mir zeigen.

Ich kenne das neue Computerspiel schon, das du mir zeigen willst.

das = welches → Relativpronomen

Wahrscheinlich kann es passieren. Ich komme etwas später.

Ich erinnere mich daran. Du hast mich gewarnt.

Ich glaube an das Versprechen. Du hast es mir gegeben.

Ich kaufe das Buch. Du hast es mir empfohlen.

Er sucht das Bild. Er wollte es seiner Freundin schenken.

2 Überprüfe, ob man in den folgenden Sätzen „das/dass“ durch Formen von „dieses“, „jenes“ oder „welches“ ersetzen kann. Streiche die Fehler durch und berichtige die Sätze.

~~Das~~ das so schwer ist, ~~dass~~ hätte ich nicht gedacht

–	*dieses*	*jenes*

Dass das so schwer ist, das hätte ich nicht gedacht

Das Mädchen, dass ich sah, das hat mir gefallen

Ich kann nicht glauben, das du das gemacht hast.

Das kann doch nicht sein, das du dass nicht gewusst hast.

Dass das dass Bild ist, dass du gemalt haben willst, das glaube ich dir nicht.

3 Setze mithilfe der Ersatzprobe richtig ein.

Da ___ die Ferien so schön werden würden, da ___ hätte er nie gedacht. Nun war er glücklich, da ___ der Urlaub so toll war. Da ___ Rafting war so anstrengend, da ___ ihn tagelang noch der Muskelkater quälte.

Schreibung der s-Laute

1 Entscheide, ob alles richtig geschrieben ist. Der entsprechende Weg ergibt einen Lösungsspruch. Unterstreiche alle Fehler und schreibe die Sätze richtig in dein Heft.

Start

Der Rasen muss vor dem Fußballspiel geschnitten werden. **MAN**	Ich geniese das Essen, daß ich selbst gekocht habe. **SOLL**	Auf dem grossen Fluß werden oft Flosswettfahrten veranstaltet. **NUR**	Um Diebstahl zu vermeiden, sollte man sein Fahrrad anschliesen. **ZE**
Ich gieße das Bäumchen, das ich gestern gepflanzt habe. **NIE**	Die Kasiererin wußte den Preis des Eises nicht genau. **TE**	Dass das Wasser nass ist, weiß doch jeder Besserwisser. **KAT**	Das er auf seine Freundin warten mußte, bereitete ihm Verdruß. **IM**
Eine Kissenschlacht mit Freunden macht grossen Spass. **MALS**	Wir hoffen, dass das Verlies richtig gruselig ist. **EI**	Mißtrauen kann eine Freundschaft zerstören. **NE**	In der Glasvase sehen die Blumen besonders schön aus. **SACK**
Das der alte Mann am liebsten im Sessel sass, wußte jeder. **DIE**	Gruselgeschichtenschreiber brauchen Ideen und Muße. **MAUS**	**Ziel** **FEN**	Glaub nur nicht, das das alles richtig geschrieben ist! **KAU**

Lösung: ____ ____ ____ ____ ____ ____ ____ ____

2 Vervollständige die Sätze.

Da_ da_ da_ Ki_en ist, da_ zerri_en ist, wu_te ich nicht.
Der Flu_ flie_t so schnell, da_ da_ Blatt eine ra_ante Rei_e hat.

Silbentrennung

Wissen

Wörter trennt man am Zeilenende nach Sprechsilben. Auch Einzelbuchstaben gelten als Silben. Stehen mehrere Konsonanten zwischen den Vokalen, dann kommt nur der letzte Konsonant auf die neue Zeile.
Nie getrennt werden ch, sch, ck.
Beispiel: Ge-burts-tag, A-bend, Au-ge, bas-teln, Städ-te, Hit-ze; Zu-cker, wi-schen

1 Wie werden die Wörter richtig getrennt? Verwende ein Wörterbuch. Durch das Ausmalen der entsprechenden Zahlenfelder entsteht ein Bild.

Kar-om-ust-er	4	Ufer-bösch-ung	9	Ba-ck-en-zahn	15
Ka-ro-mu-ster	27	Ufer-bös-chung	21	Ba-cken-zahn	22
Ka-ro-mus-ter	2	U-fer-bö-schung	14	Back-en-zahn	10

Wac-kel-pud-ding	18
Wack-el-pud-ding	23
Wa-ckel-pud-ding	1
Möc-hte-gern	16
Mö-chte-gern	24
Möch-te-gern	5
Rich-tungs-wech-sel	11
Ri-chtungs-wech-sel	6
Rich-tungs-we-chsel	17

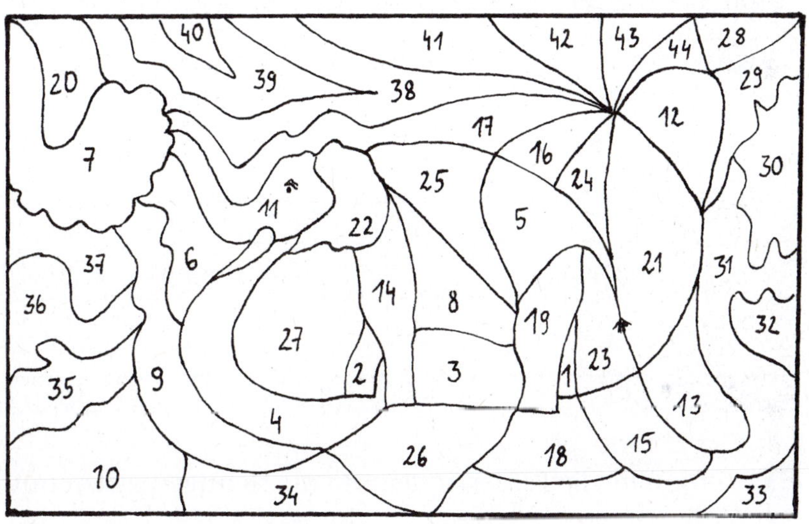

Zu-cker-ku-chen	8	Ze-ttel-ka-sten	7	E-le-fan-ten-haut	19
Zu-cker-kuch-en	3	Zet-tel-kas-ten	25	E-le-fant-en-haut	12
Zuc-ker-ku-chen	26	Zet-tel-kast-en	20	Ele-fan-ten-haut	13

2 Schreibe die Wörter mit dem Silbentrennstrich auf. Verwende ein Wörterbuch.

FERKÄ	*Kä-fer*		ONEFRHOR
HEREI			MALMANCH
TELNBAS			CKEEMERZIM
MENRAH			PLANDENSTUN
FAHRTAB			MENTTRUINS
PESUP			TEKERATERVESSIL

3 Bilde aus den Silben jeweils die richtigen Reimwörter. Schreibe sie in der Silbentrennungsschreibweise auf. Verwende ein Wörterbuch.

sche – Win – des – zü – ei – ~~prus~~ – Ma – ser

fant – Ent – le – te – Sa – cke – Was

~~ten~~ – le – E – cken – Ma – hahn – chen – Gäs

husten	Backe	Schneidezahn
prus-ten		

Feste	Tasche	Buchrücken

machen	elegant	Nagelfeile

4 Verbessere die Fehler, indem du die richtige Worttrennung darunter schreibst.

Ta-tze	Em-pfang	Ra-ster
Ab-end-brot	Rass-el-ba-nde	Eb-er-esch-e
ri-chtig	Na-schka-tze	Zek-ke
Semm-el	La-nge-weil-e	Ig-el
Kar-pfen	kriech-en	rasch-eln
Blä-tter-teig	klo-pfen	reiß-en

Autorenfolter

Die Autorin/der Autor liest den selbst geschriebenen Text vor. Im Anschluss dürfen alle Zuhörer ihre Meinung zum Text sagen, z. B. was ihnen gefallen oder nicht gefallen hat, ob sie den Text spannend, interessant, gut verständlich fanden, an welchen Stellen die Autorin/der Autor etwas verbessern muss. Dabei darf man nie unsachlich oder verletzend werden. Nur die Autorin/der Autor darf nichts sagen. Erst ganz am Ende des Gesprächs darf sie/er sich zu ihren/seinen Text und der Meinung der anderen äußern.

Kritikzettel

Jede/r klebt ihren/seinen Text in die Mitte eines großen Bogens Papier. Dann werden Gruppen mit je fünf oder sechs Personen gebildet. Innerhalb der Gruppe werden die Textbögen der Reihe nach weitergereicht. Dabei wird der Text von jeder/jedem gelesen und mit Anmerkungen (z. B. Das hat mir gut gefallen; Hier verstehe ich etwas nicht; Ideen zur Überarbeitung ...) am Rand versehen. Man darf aber nie unsachliche oder verletzende Notizen machen. Am Ende bekommt jede Autorin/jeder Autor ihren/seinen Text mit den Anmerkungen zurück und muss ihn überarbeiten. Anschließend werden alle Texte in der Gruppe vorgelesen.

Tempusformenwürfelei

Spielvorbereitung:
Bildet Gruppen von vier oder fünf Personen.
Ihr benötigt 48 kleine Karteikarten (18 rote, 15 grüne, 15 gelbe) sowie Spielmarken (z. B. eine Tüte Gummibärchen).
Schreibt auf die 18 roten Spielkarten alle sechs Personalformen des Verbs, jeweils dreimal (ich, du, er, wir ...).
Anschließend schreibt ihr auf die 15 grünen Spielkarten jeweils dreimal die Bezeichnungen der fünf Tempusformen (Präsens, Präteritum, Perfekt ...).
Auf die 15 gelben Spielkarten schreibt ihr jeweils ein anderes Verb im Infinitiv (laufen, reden, freuen, singen ...).
Dann werden alle drei Kartenstapel getrennt gemischt und jeweils verdeckt auf den Tisch gelegt.

Spielablauf:
Es wird ausgelost, wer beginnt, anschließend geht es reihum. Die Spielerin/der Spieler, die/der an der Reihe ist, nimmt sich von jedem Stapel eine Karte. Dann muss sie/er in 30 Sekunden das Verb in die richtige Form bringen (Person, Numerus, Tempus). Bei richtiger Antwort darf sie/er eine Spielmarke nehmen. Sind die Kartenstapel alle, werden die bereits benutzten Karten wieder neu gemischt und verwendet. Es hat die Spielerin oder der Spieler mit den meisten Spielmarken gewonnen.

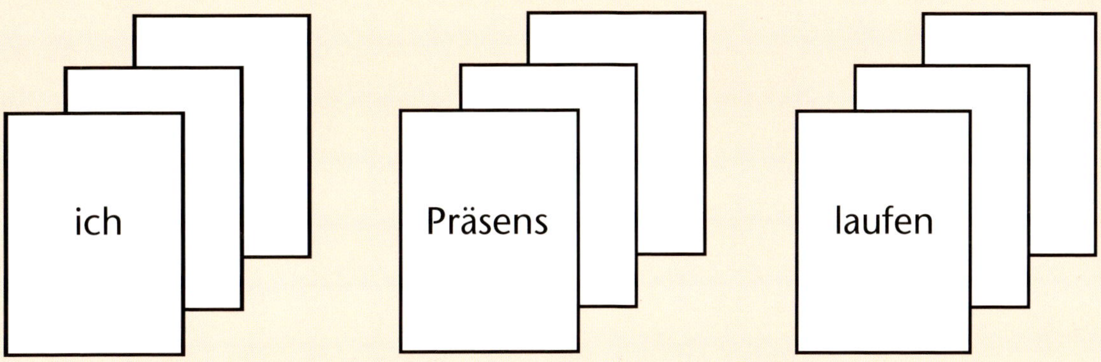

Stationenspiel

Spielvorbereitung: Ihr benötigt sechs große Papierbögen sowie Spielmarken (z. B. eine Tüte Gummibärchen). Legt zuerst sechs Stationsleiter fest. Diese teilen folgende Fehlerarten unter sich auf: Großschreibung; lange Vokale; kurze Vokale; s-Laute; ä-e, ei-ai, äu-eu; b-p, d-t, g-k. Jeder Stationsleiter schreibt „seine" Fehlerart auf einen Bogen und legt ihn an der Station aus.
Spielablauf: Zuerst wird die Anzahl der Spielrunden festgelegt. Jede Mitspielerin/jeder Mitspieler geht von Station zu Station und schreibt auf den Bogen ein Wort mit der jeweiligen Rechtschreibschwierigkeit. Ist es richtig geschrieben, erhält sie/er vom Stationsleiter eine Spielmarke. Sieger ist, wer am Ende die meisten Spielmarken hat.

Techniken zum Überarbeiten eines Textes:

A Inhaltlich:

- ✔ Überprüfe den **Aufbau:** Anfang – Hauptteil – Schluss
- ✔ Überprüfe die **Überschrift:** Verrät sie nicht zu viel? Macht sie neugierig auf den Text?
- ✔ Stelle **W-Fragen** an den Text: z.B. Wer? Wo? Wann? Was? Warum?
- ✔ Prüfe, ob du auch die **innere Handlung (Gedanken, Gefühle und Sinneswahrnehmungen)** erzählst
- ✔ Prüfe, ob du **spannend** erzählst

B Sprachlich:

- ✔ **Austauschen:** Unterstreiche im Text alle Verben und alle Satzanfänge. Tausche Wortwiederholungen aus. Bilde aus einfachen Sätzen zusammengesetzte Satzgefüge. Ersetze bestimmte Ausdrücke mit anderen, die passender sind. Dabei kann dir ein Wortfeld helfen.
- ✔ **Ergänzen:** Füge treffende Ausdrücke (z.B. Adjektive) hinzu, um etwas noch genauer auszudrücken.
- ✔ **Streichen:** Lasse unwichtige und überflüssige Wörter oder Sätze in deinem Text weg.
- ✔ **Umstellen:** Wenn deine Sätze immer gleich beginnen, stelle die Satzglieder um. Außerdem kannst du das, was am Satzanfang steht, besonders betonen.

Wortarten erkennen:

Wenn du dir unsicher bist, ob ein Wort ein **Substantiv** ist oder nicht, dann prüfe, ob du einen **Artikel** davor setzen kannst. **Typische Substantivendungen:** -heit, -keit, -nis, -ung; **Typische Adjektivendungen:** -ig, -lich, -isch, -bar, -sam

Wortart	Erklärung	Beispiel	in Form veränderbar	Schreibung am Wortanfang
Substantiv	Namenwort, Dingwort	Inge, Garten	ja	groß
Artikel	Geschlechtswort	der, eine	ja	klein
Adjektiv	Eigenschaftswort	neu, leise	ja	klein
Pronomen	Fürwort	meine, sie	ja	klein
Verb	Tätigkeitswort	sitzen, laufen	ja	klein
Präposition	Verhältniswort	über, auf, in	nein	klein
Konjunktion	Bindewort	dass, weil	nein	klein

Satzglieder und Satzgliedteile erkennen:

- ✔ **Umstellprobe** zum Erkennen von Satzgliedern und Satzgliedteilen
- ✔ **Weglassprobe** zum Erkennen notwendiger Satzglieder
- ✔ **Erweiterungsprobe** zum Einfügen von Satzgliedteilen (Attribute)

Satzglied	Erklärung	Hilfsfrage zur Bestimmung	Attribut zuordbar
Subjekt	Satzgegenstand	Wer? oder Was?	ja
Prädikat	Satzkern	Was geschieht? Was wird ausgesagt?	nein
Genitivobjekt	Satzergänzung im 2. Fall	Wessen?	ja
Dativobjekt	Satzergänzung im 3. Fall	Wem?	ja
Akkusativobjekt	Satzergänzung im 4. Fall	Wen? oder Was?	ja

Kommasetzung:

Ein Komma musst du setzen in

- ✔ **Aufzählungen** (nicht, wenn die Konjunktion „und“, „oder“, „sowie“ zwischen den Wörtern steht);
- ✔ der **wörtlichen Rede,** wenn der Redebegleitsatz nach oder zwischen der wörtlichen Rede steht;
- ✔ der **Satzreihe,** wenn zwei oder mehr Hauptsätze ohne Konjunktion aneinander gereiht sind und
- ✔ dem **Satzgefüge,** wenn ein Hauptsatz und ein Nebensatz zusammengefügt sind.

Tipps zum Rechtschreiben:

Wenn du dir unsicher in der Schreibung eines Wortes bist, kannst du dir mit folgenden Möglichkeiten helfen:

1. Sprich das Wort ganz **deutlich** und **betont in Silben.**
2. **Zerlege** das Wort in seine Sprechsilben.
3. **Verlängere** das Wort, indem du z.B. zu einem Substantiv die Mehrzahl bildest, ein Verb oder ein Adjektiv beugst.
4. Suche zu dem Wort **verwandte Wörter,** deren Schreibung du kennst.
5. Schlage im **Wörterbuch** nach oder benutze am Computer ein **Rechtschreibprogramm.**